Gaspard Mermillod

Katholische Stimmen aus der Schweiz

VIII. Heft

Gaspard Mermillod

Katholische Stimmen aus der Schweiz
VIII. Heft

ISBN/EAN: 9783744614375

Hergestellt in Europa, USA, Kanada, Australien, Japan

Cover: Foto ©Lupo / pixelio.de

Weitere Bücher finden Sie auf **www.hansebooks.com**

aus der

Schweiz.

VIII. Heft.

„Laßt den Sonntag heiligen".

Hirtenbrief

des

hochw. Herrn Caspar Mermillod,

von Hebron und Auxiliär-Bischofs von Genf,

auf die

heilige Fastenzeit 1869.

Aus dem Französischen

von

Thomas Stocker,

Chorherrn in Luzern.

Zürich, Stuttgart, Würzburg.
1869.

Auxiliär-Bischof von Genf 2c., entbietet der Hoch████████ ██ █
████████ Volke von Genf Heil und S███
Jesus Christus.

Geliebteste Brüder!

Wir hatten gehofft, schon diesmal über das bevorstehend█
allgemeine Concil, über die Autorität desselben und über di█
Hoffnungen, die an eine so großartige Versammlung sich knüpfen
uns mit euch zu unterhalten, und waren Willens, mit diesen
reichhaltigen und hochwichtigen Gegenstande zugleich noch jen█
Einladung in Betrachtung zu ziehen, die unser heiliger Vater
der Papst, voll der rührendsten Zärtlichkeit auch an die Prote█
stanten gerichtet hat. Aber ein ganz neuer Sturm, der sich
gegen uns erhoben, nöthigt uns, eine solche Arbeit auf ein█
andere nächste Gelegenheit zu verschieben.

Ach ja! unabläßige Anfeindungen und unversöhnliche Vor█
urtheile, die sich alle gegen unsern heiligen Glauben erheben█
nöthigen uns, euch auf eine Pflicht aufmerksam zu machen, di█
mit unabweisbarer Dringlichkeit an die Katholiken unserer Zei█
und unseres Landes herantritt. Gewiß, viel lieber wäre e█
uns, unsern getrennten Brüdern eine freundwillige Hand zu█
bieten, mit ihnen in ernste Erwägung zu ziehen sowohl jen█
beweinenswerthe Zerklüftung der Ansichten und Meinungen, i█
welche die Geister, sobald sie sich in Sachen der Religion au█
ihre beschränkte Individualität allein stellen, unaufhaltbar gerathe█
müssen, als auch die tröstlichen Wahrzeichen zu betrachten, di█

lachste Nähe herein rufbgeben. Männer, die geistig gebildet
sind und mit der Wahrheit es ernst nehmen, wenden ihre volle
Aufmerksamkeit zum Voraus der katholischen Kirche zu, und sie
schlägt die Wurzeln ihres Daseins nach allen Richtungen um so
weiter und um so tiefer ein, je heftiger die Stürme sind, die
über sie dahinbrausen. Geister und Herzen, die auf dem reli=
giösen Gebiete nach endlosem Suchen nirgends sich mit Sicher=
heit ausgefunden, eilen mit freudiger Seele der Kirche zu, um
bei ihr über die Zweifel, von denen sie gepeinigt sind, sich Ra=
thes zu erholen, oder ihr den Zoll der Bewunderung dafür dar=
zubringen, daß sie vor den Augen der ganzen Welt bei allem
Wandel und Wechsel der Dinge mit so unerschütterlicher Kraft,
Ruhe und Zuversicht besteht.

Woher doch diese unläugbare Bewegung, diese Rückkehr
zur Kirche in unsern Tagen? Woher doch dieses Erwachen ka=
tholischen Bewußtseins, katholischen Gefühles! Gewiß, es rührt
auf Seite der Protestanten her von dem fruchtlosen Bemühen,
aus sich selber heraus die Wahrheit zu finden, von dem offen=
baren Unvermögen, die Wahrheit vollkommen zu erfassen; von
dem Eckel, den ihnen die Freigeisterei und der Unglaube, dies
Grab aller Vernunft und alles Glaubens mit seinem Moderge=
ruche allmählig verursacht hat; von dem Bedürfnisse, sich an
der Quelle einer göttlichen Offenbarung zu erlaben, sich unter
den Schutz einer vom Himmel stammenden Lehrautorität zu
stellen, unter deren Obhut beide zugleich, Vernunft und Glaube,
ihr Recht und ihre Ehre behaupten; mit Einem Worte — es
rührt her von dem Bedürfnisse, katholisch zu sein. Doch wir
müssen nun zu einem andern Gegenstande übergehen.

Man darf es sich nicht verhehlen, die Verschwörung gegen
die Kirche beschränkt sich nicht mehr auf gewisse Theile und
Orte, sie wirft ihre Fanggarne überall aus, und überall hin
entsendet sie ihre Heerscharen. Um jeglichen Preis will man
die ruhmreiche Tochter des Himmels zu Schmach und Ver=
achtung bringen, die edle Braut Christi zu einer Sclavin
entwürdigen. Man lästert ihre Glaubenslehren und stellt ihre
Anstalten in einem ganz falschen Lichte dar; und könnte erreicht
werden, was sie wünschen und hoffen, dann müßte sich die ge=
sammte Wirksamkeit der Kirche auf die Sakristei beschränken,

vornehmen. Zahlreich sind ihre Feinde, und sind sie auch unter
einander selbst uneins, so wird sogleich allem Zwiste Halt ge
boten, wenn es gilt, mit vereinter Kraft der Kirche entgegenzu
treten, jener Kirche, die allein noch mit unbeugsamer Kraft de
Glauben an den Einen wahren, lebendigen und persönliche
Gott, an die allerheiligste Dreieinigkeit, an den Gottmensche
und Heiland der Welt aufrecht erhält, und für die Freiheit un
Würde des Gewissens in die Schranken tritt.

Und wer sind denn ihre Feinde? Wir haben sie cu
schon zu mehreren Malen gekennzeichnet. Zu den Feinden de
Kirche, die der Ketzerei ergeben sind, gesellen sich die Vernunf
gläubigen, die Freidenker, die keine andere, als eine im Gedanke
und Gefühl verborgene Gottesverehrung wollen, ihnen ist je
höhere, übernatürliche Offenbarung, jeder äußere und öffentlic
Gottesdienst ein Gräuel. Diesen schließen sich jene Politike
und Staatsmänner an, welche in der Kirche nichts, als ein
anmaßende und feindselige Macht erblicken, die dem Staate un
seiner Wirksamkeit überall hemmend in den Weg trete. Z
ihnen gehören auch alle jene Weltmenschen, die voll falscher B
griffe und vom Widerspruchsgeiste gegen die gesammte Leh
der katholischen Kirche besessen sind; daß es eine Nothwendigke
und Pflicht gebe, der katholischen Kirche sich anzuschließen, ihre
Lehrworte Glauben zu schenken, ihre Rechte zu vertheidigen, ihr
Hierarchie Ehrfurcht zu erweisen, ihre Gebote zu beobachten, de
von wollen sie nichts hören.

Die vielbewegte und wirrenvolle Zeit, in der wir lebe
stellt an alle Gutgesinnten um so höhere Anforderungen, ve
langt von ihnen eine besonders erleuchtete Frömmigkeit und ei
ausnehmend fruchtbare Thätigkeit; was diese Zeit ist und wo
sie uns bringt, muß mit vorurtheilsfreiem Auge betrachtet we
den, damit wir uns weder leeren Täuschungen hingeben, no
auch irgendwie uns entmuthigen lassen. Das Christenthum od
die Kirche, denn sie beide sind Eines, ist unvergänglich; nur a
den geheiligten Grundlagen des Evangeliums, sich stützend a
den Eckstein, der da ist Jesus Christus, der Herr und Heilan
aller Menschen und Völker, können die Nationen ihr Dasei
fristen und zum wahren Glücke gelangen.

Mehr also, als zu irgend einer andern Zeit, tritt heutzu

und bei all' diesen sozialen Umwandlungen — tritt an jeden Katholiken die gebieterische und unabweisbare Pflicht heran: Die heilige Kirche Jesu immer besser kennen zu lernen, zu lieben und ihr zu dienen.

Man glaube ja nicht, es seien uns die Scheingründe unbekannt, mit denen man uns der Uebertreibung beschuldigen möchte. Man sagt uns nämlich: „Euere Religion ist gar nicht in Gefahr, für euern Glauben und für euere Festtage bleibt euch volle Freiheit; der Staat zieht sich nur mit würdevoller Unparteilichkeit auf sein Gebiet zurück; es ist nicht seine Sache, sich über euere Glaubensartikel auszusprechen; er belaßt euch bei euern religiösen Ueberzeugungen und Uebungen.“ Lassen wir uns doch nicht von derlei glatten Worten irgendwie bethören. Der Staat kann schwerlich neutral bleiben; läßt er unserem guten Rechte einen Schutz nicht angedeihen, so wird er unserem religiösen Leben, der Entfaltung, dem gesetzlichen und friedlichen Ausdrucke desselben Schranken setzen; mit oder ohne sein Wissen wird er dem Unglauben Vorschub leisten und zwar gerade dadurch, daß er Gott von der Schule und dem öffentlichen Leben ausschließt. Und was wird weiter geschehen? Halten wir uns an den Staat und gehen wir ihn um den Schutz an, den er uns laut Verfassung und Gesetz schuldig wäre, so beruft er sich auf die freie Religionsübung, um sich so aller Verbindlichkeit für uns zu entledigen; machen wir aber von der uns verheißenen Freiheit Gebrauch, wollen wir uns kirchlich organisiren und unser religiöses Gemeindeleben sich frei entfalten und erweitern lassen, dann tritt er uns 'mit seinen veralteten und längst überlebten Gesetzen entgegen; und so löst Tag um Tag ein Widerspruch den andern ab, denn man will sich mit der Kirche nicht anders als mit fortwährenden Ausflüchten und Rückhalten einlassen, man will mit ihr weder vollständig einig gehen, noch auch ihr volle Freiheit wahr und aufrichtig gewähren.

Diese widerspruchsvolle Lage ist allerdings, wie wir gar wohl wissen, oft das Ergebniß delikater und schwieriger Verhältnisse, wie solche in einem Freistaate und in einem konfessionell gemischten Lande nicht selten vorkommen; das vollkommen richtige Maaß der Gerechtigkeit, auf welches das katholische Glau-

ur eine übertragene und vorübergehende Regierungsgewalt zu
eht; die bewegliche und leicht wandelbare Volksgunst und viel
ndere Verhältnisse und Rücksichten bereiteln bisweilen, was zun
zwecke eines friedlichen Zusammenlebens aller Bürger eine:
Staates mit ernstem Willen unternommen und angestrebt wurde
niemand weiß wohl besser, als wir, daß aus der Wahlurn
es Volkes hervorgegangene Staatsbeamtete der schonenden Rück
cht wegen, die sie Menschen und Zuständen schuldig sind, nie
als all' das Gute verwirklichen können, wie sie es sonst sollten
och auch im Stande sind, all' das Böse zu vollbringen, da:
e sonst im Schilde führen. Verhalte es sich aber in alledem
wie immer es wolle, jedenfalls müssen wir es mit evangelische
Freimüthigkeit abermal sagen, daß die Gesellschaftskörper alle
wie im häuslichen so im öffentlichen Leben, der Religion wei
mehr bedürfen, als die Religion des Staatsschutzes und mensch
cher Hülfe überhaupt bedarf; die Kirche hat von den feind
ligen Angriffen, die man auf sie macht, keine Niederlage zu
befürchten; seit ihrem Ursprunge an ist der Kampf ihr Lebens
ement; eben so wahr bleibt aber jener Ausspruch des heiliger
Geistes: „Die Gerechtigkeit erhöhet ein Volk, die Sünde abe
ürzt die Völker ins Verderben" (Sprüchw. 19, 34).

Sittlichernste und denkende Männer können sich der Er
kenntniß und des Zeugnisses nicht erwehren: wenn die Völke
von einem unsäglichen Mißbehagen heimgesucht sind, so komm
as daher, daß sich die Begriffe von Wahrheit und Recht ver
worren und verloren haben; es kommt daher, daß man Got
us den gesellschaftlichen Institutionen verbannt hat, und sich
em Wahne hingibt, denselben eine Verfassung und Ordnung
Bestand und Wohlfahrt zu verleihen, dazu bedürfe es keiner
ndern, als ausschließlich menschlicher Kräfte. Zügellose Be:
ehrlichkeiten und unaufhörliche Kämpfe zeugen von dem furcht:
zaren Nothstande, der uns selbst dort, wo man sich der glanz:
vollsten Bildung berühmt, aufs eckelhafteste angrinset. Die Pläne
mit denen man in unserer Zeit umgeht, treten sichtbar zu Tage
man will nicht, daß noch länger eine Stadt Gottes auf diese:
Erde sei; das Traumgebilde, dem man nachjagt, ist eine Men
schenstadt hienieden, ein Staat vom Menschen allein geschaffer

dieses Wahnes werden nicht lange auf sich warten lassen!

Von euch, geliebteste Brüder, darf ich sagen, ihr habet diese verderblichen Pläne, von denen sich Machthaber und Völker in die Abgründe alles Unheiles verlocken lassen, erkannt und durchschaut. Treu den frommen Ueberlieferungen euerer Familien und treu dem Glauben euerer Väter habt ihr in Bittschriften muthig Anerkennung verlangt für das, was Gottes und seines Rechtes ist; habt vertheidigt die Heiligkeit und Freiheit unserer christlichen Friedhöfe; und erst vor wenigen Tagen habt ihr mit Einmuth euere Stimme erhoben zur Wahrung des religiös-gesellschaftlichen Charakters, den der Sonntag, dieser Tag des Herrn, haben und behalten soll. Mögen nun die menschlichen Gesetzgeber beschließen und vollziehen, was und wie viel sie wollen, so müßt ihr euch mehr denn je vertraut machen mit den Grundwahrheiten, die euch beweisen, daß der Sonntag in dem Herrn geheiligter Tag ist und daß er in der Reihenfolge der Tage den ersten, den Ehrenplatz behauptet. Wird ihm auch der gesetzliche Staatsschutz entzogen, so bleibt dieser Tag nichts desto weniger ein heiliger Tag, das heißt in der Sprache der heiligen Schrift (Hebr. 7, 26), ein von allem profanen Gebrauche ausgeschiedener Tag. Die Beschlüsse irdischer Volks- und Rathsversammlungen können den diesem Tage von Gott selbst verliehenen Charakter eben so wenig verwischen, als etwa unter Androhung von Geldstrafen aufgenöthigte Formalitäten im Stande sind, der christlichen Ehe ihren sakramentalen Charakter zu rauben.

Es ist von hoher Wichtigkeit, daß ihr alles Ernstes darauf Bedacht nehmet, euern Glauben zu beleben und ihn gegen alle wandelbaren Deutungen, Vorurtheile und frechen Angriffe derenigen, die ihn untergraben und zerstören möchten, sicher zu stellen. Die Religion, das christliche Leben, die heilige Glaubensüberzeugung muß jetzt besonders mehr denn je in jedem Einzelnen lebendig werden, damit sie von jedem Einzelnen aus auf Alle, auf die Gesellschaft, ihre heilsame Wirksamkeit verbreiten. Jeder Gläubige sei ein Apostel, ein Verkündiger des Evangeliums durch seinen Glauben und durch seine Werke.

Erwartet nicht, geliebteste Brüder, daß ich mein bischöfliches

Politik Vorrang und Uebergewicht streitig machen, ist es Eine
...ur, womit sich unser Geist und Herz beschäftiget — das Reich
...ottes und seines Sohnes, unseres Herrn und Heilandes Jesu..
...hristus, und nur Ein Ziel schwebt uns vor Augen — di..
...ettung der Seelen. Und eben darum, im Blicke auf diese..
...ohe und heilige Ziel, will ich euch nun einige Gedanken übe..
...ie Heiligung der Sonntage und Feiertage vortragen und er..
...ären.

Der Prophet Isaias spricht (24, 4. 5): „Das Land is..
traurig worden, welk und matt, welk der Erdkreis..
matt die Herrlichkeit des Volkes im Lande. Da..
Land ist entheiliget von seinen Bewohnern; denn si..
übertraten die Gesetze, änderten das Recht, brache..
den ewigen Bund." — In dieses Wort des Propheten is..
..lles zusammengefaßt, was wir euch über die Heiligung de..
..onntags zu sagen haben; die Heiligung des Sonntags ist da..
..undesgesetz im vollsten und erhabensten Sinne dieses Wortes..

Die Heiligung des Sonntags ist ein Gesetz der Schöpfung

Die Einsetzung des Sonntags fällt mit der Erschaffung de..
..Belt und des Menschen zusammen. Als Gott den Himme..
..nd die Erde erschaffen und das Weltall auf sein Allmachts..
..ort wie ein mächtiger Brunnquell aus seinem geheimnißvolle..
..rundfelsen hervorsprudelte, da ging Gott mit sich selbst z..
..athe und schuf den Menschen nach seinem Bild und Gleichniß..
..gte in seine Hand den Herrscherstab und übertrug auf ihn di..
..errschergewalt über die gesammte materielle Natur. Den sech..
..sten folgt der siebente Tag, dem Schaffen die Ruhe, dem Tag..
..es Geschöpfes der Tag des Schöpfers. Der heilige Text sag..
..l. Mos. 2, 3): „Gott ruhte am siebenten Tage, un..
er segnete den siebenten Tag und heiligte ihn." Vo..
..a an ist der Lauf der Zeiten festgesetzt und die geheimnißvoll..
..iebenzahl ist das Maaß, nach welchem sich ihre Kreise be..
..hreiben. Sechstausend Jahre sind abgeflossen seitdem die Wel..
..s Dasein getreten; aber noch keine Woche ist gekommen und..
..egangen, die nicht das Andenken an die Schöpfung gefeier..

ie Preislieder der Völker und die feierliche Ruhe der ganze
Belt zu dem erhabenen Lob= und Dankgebete: „Ja, o Her:
u bist der unbeschränkte Gebieter über alle Dinge, du hast g(
tacht Alles, was da gemacht ist. Dir, o Schöpfer, gebühr
lle Ehre!" —

Was ist nicht Alles während sechzig Jahrhunderten unte
en Fußtritten der Völker in Trümmer zerfallen? Dennoch i
ß dieser dem Dienste Gottes gewidmete Tag, von dem d
unde über alle Trümmer längst veralteter und aufgegeben(
Gesetze und Uebungen hinweg durch alle Zeitalter herab an da
)hr der Menschen bringt; dieser heilige Tag ist und bleibt da
steste Band, das uns an Gott verknüpft. — War auch Ada
efallen, so hob darum der Herr dennoch dieses Gesetz des Fri
ens und der Ruhe nicht auf. Er verurtheilt den Gefallene
t fortwährender Mühe und Arbeit (I. Mos. 3, 17. 19): „Ve
flucht sei die Erde in deinem Werke; mit vieler Arbeit soll
du essen von ihr alle Tage deines Lebens. Im Schweiß
deines Angesichtes sollst du dein Brod essen, bis du zur Er(
wiederkehrest". — Zu dieser Schriftstelle bemerkt Bossuet: Na
iesem Fluche, den der Herr ausgesprochen, sollte man meine(
inne es für den Menschen hienieden keine Ruhe mehr gebe(
)eder am Tage noch während der Nacht, nicht im Somm(
nd nicht im Winter, nicht zur Zeit der Aussaat, nicht zu jen(
er Erndte, nicht bei glühender Sonne und nicht bei eisig(
älte, immer und immer müsse er unter der Last der Arbe
ufzen . . . Doch Gott hatte seit jenen Tagen Erbarmen m
em Menschengeschlechte, er schenkte ihm einen Ruhetag und b(
)ies ihm dadurch, daß er von Mitleiden gerührt das Gerich
as ihn zu unaufhörlicher Arbeit verfällt hatte, in etwas mi(
ern wolle. Und so blieb denn der siebente Tag, einst im P(
adiese so wonnevoll gefeiert, auch noch den Kindern Adam
aß er sie tröste in diesem Lande der Verbannung und in ihn(
ie Hoffnung auf eine einstige Heimkehr ins überirdische Par(
ies Gottes bewahre.

Dieses Gesetz der Ruhe hat der Allerhöchste durch de
Rund seiner Propheten oft verkünden lassen. Moses erzäh
s uns, wie Gott selbst dafür sorgte, daß die uranfängliche

und vielleicht sogar bei seinem auserwählten Volke während seiner
Dienstbarkeit in Aegypten nur zu sehr in Vergessenheit gekommen
waren, ihm wieder in Erinnerung gerufen würden; da aber
der göttliche Gesetzgeber kein neues Gesetz verkünden, sondern ein
uraltes nur erneuern und auffrischen will, so sagt er nicht: Du
sollst den Tag des Herrn heilig halten, sondern er spricht
(II. Mos. 20, 8): „Gedenke — du sollst dich erinnern —,
„daß du den Sabbattag heiligest, denn er ist der Sabbat des
Herrn deines Gottes.“ Und wenn später der nämliche Prophet das
Volk ermahnt, die Gesetze, die es empfangen, treu zu beobachten, so
sagt er ihm wiederum (V. Mos. 5, 12): „Du sollst den Tag
„des Sabbats halten, daß du ihn heiligest, wie der Herr, dein
„Gott, dir geboten hat.“ Und als mit Zunahme der Zeit die
Uebertretungen dieses Gebotes sich mehren, so wird dasselbe in
eine noch bestimmtere und strengere Form gefaßt, es wird auf
steinerne Tafeln geschrieben und lautet (II. Mos. 31, 13):
„Sehet zu, daß ihr meinen Sabbat haltet, denn er ist ein Zei=
„chen zwischen mir und zwischen euch in euern Geschlechtern,
„auf daß ihr wisset, daß ich der Herr bin, der euch heiliget.“
Und abermal sag’ ich es euch: „Haltet meinen Sabbat, denn
„er ist heilig; wer ihn entheiliget, der soll des Todes sein.“

Doch Gott will nicht nur mit Mitteln der Furcht vom
Sinai herab dem Volke Achtung vor seinem Gesetze einflößen;
auch durch Verheißungen will er es dazu aufmuntern, und milder
werden seine Worte, wenn er ihm durch den Mund des Pro=
pheten Jsaias (Kap. 56 und 58) verkündet: „Die meine Sab=
„bate halten, denen will ich in meinem Hause einen Ort geben
„und einen bessern Namen als den von Söhnen und Töchtern,
„einen ewigen Namen ihnen geben, der nicht soll untergehen
„... Wenn du am Sabbat nicht auf Reisen gehest; wenn du
„den Sabbat eine Lust nennest, heilig und herrlich dem Herrn,
„und ihn ehrest und an ihm nicht nachwandelst deiner schnöden
„Lust: dann wirst du dich freuen des Herrn.“

Als der grausame Nikanor die Juden an einem Sabbat
mit Heeresmacht überfallen wollte, sprachen diese zu ihm (II.
Makkab. 15): „Wie! kannst du wohl so grausam sein, daß du
„deine Feinde an einem Tage angreifest, an dem sie sich nicht
„vertheidigen dürfen? Habe doch Achtung vor der Heiligkeit
„dieses Tages und ehre denjenigen, der Alles sieht. — Wie? —

„fragt Nikanor — gibt es denn einen Gott im Himmel, der
„den siebenten Tag zu heiligen gebietet? — Ja, es ist ein all=
„mächtiger Gott im Himmel, und dieser Gott befiehlt, den Sabbat
„heilig zu halten." — Als Jerusalem wieder aufgebaut war
und das Volk, welches ohne Zweifel während der babylonischen
Gefangenschaft an manch Sündhaftes sich gewöhnt hatte, den
Sabbat entheiligte, indem es an demselben mit Ausländern
allerhand Schacher trieb, da entbrannte Nehemias in heiligem
Zorne und rief ihm zu (II. Esdr. 13): „Wie! sehet ihr denn
„nicht ein, daß wenn ihr den Sabbat verunehret, ihr euch der
„nämlichen Vergehen schuldig machet, die eure Väter ins Unglück
„geführt haben?"

Wir würden an kein Ende kommen, wollten wir alle die
zweiundfünfzig Stellen der hl. Schrift anführen, die alle darin
übereinstimmen, daß sie uns die Heiligung des Sabbats als
eines der allerwichtigsten Gebote, die Gott den Menschen gegeben,
erscheinen lassen. Nur Ein Beispiel wollen wir noch anführen.
Als die Israeliten sich noch in der Wüste befanden, wurde man
eines armen Mannes gewahr, der einige Stücklein Holz zusam=
menlas am Sabbate, an diesem heiligen Tage, an welchem nicht
einmal das Manna zur Nahrung eingesammelt werden durfte.
Sogleich wird er ergriffen, und man führt ihn vor den Richter=
stuhl des Moses; dieser befragt darüber den Herrn und erhält
die Antwort, der Schänder des Sabbats solle des Todes sterben.
Er wird vor das Lager hinausgeführt und gesteiniget. Eine
allerdings harte Strafe; dennoch ist es nur unserer Unwissenheit
zuzuschreiben, wenn wir diese Züchtigung für schwerer halten,
als die Verschuldung. Wir, nur an die leichte Bürde, die uns
das Gesetz der Gnade auflegt, und an jene bewunderungs=
würdige Milde gewöhnt, die über alle unsere menschenfreundlichen
Institutionen das Scepter führt, wir können uns kaum mehr
eine Vorstellung machen von jener außerordentlichen Strenge, der
es zur Führung eines Volkes bedurfte, das mit unbegreiflichem
Leichtsinne die Altäre des Herrn verließ, um einem goldenen
Kalbe zu opfern.

II. Die Heiligung des Sonntags ist ein Gesetz der Erlösung.

Dieses Gesetz, das nach Gottes Absicht ein Gesetz des Frie=
dens und der Freiheit hätte bleiben sollen, wandelte sich in Folge
einer pharisäischen, maßlos strengen Auslegung in ein Gesetz
sklavischer Furcht, bis Jesus, unser Herr und Heiland, auftrat
und die Welt belehrte (Mark. 2, 27), der Sabbat sei um
des Menschen willen gemacht, nicht der Mensch um des
Sabbats willen. Er war nicht gekommen, das Gesetz auf=
zuheben, sondern es zu erfüllen und zu vervollkommnen
(Matth. 5, 17). Die Kirche, vom Herrn des Sabbats selbst
mit seiner gesetzgebenden Gewalt betraut, hat in der Folge die
Heilighaltung des siebenten auf den ersten Wochentag übertragen;
an die Stelle des von den Juden gefeierten Samstags trat der
Sonntag zur fortwährenden dankbaren Erinnerung an die Auf=
erstehung unseres Erlösers, an die Herabkunft des heiligen Geistes
auf die Apostel und an die Gründung der heiligen Kirche, die
alle an einem Sonntage stattgefunden.

Der Sonntag ist so recht eigentlich der Tag, den der Herr
gemacht hat, auf den sich alle Wunder der Natur und der
Gnade vereinigen; der Tag, welcher durch die Geheimnisse der
wunderbarsten Thaten Gottes geheiliget ist, wie Papst Leo d. G.
sagt (Epist. 11); der Tag, der, nach dem Ausdrucke des hl.
Kirchenlehrers Hilarius (Prolog. in Psalm. n. 12), was der
alte Sabbat nur in Vorbildern und Verheißungen dargeboten, uns
in seiner Verwirklichung und Erfüllung bietet; der Tag, welcher,
wie der hl. Athanasius sagt (De Sabbat. n. 1. 14), die Mor=
genröthe der neuen Schöpfung ist, wie der alte Sabbat das
Ende der ersten Schöpfung war. Sonntag war's, als Gott der
Vater und Schöpfer aller Dinge sein allmächtiges Wort sprach
(I. Mos. 1, 3): Es werde Licht! Und es ward Licht.

Sonntag war's, als der Sohn Gottes, diese Sonne der
Geister, aus eigener Machtfülle von himmlischem Lichte umflossen
aus den Finsternissen des Grabes in's neue Leben hervorging.
Sonntag war's, als der heilige Geist im Saale des Abend=
mahles unter der Gestalt feuriger Zungen erschien, die Apostel
erleuchtete, sie durchglühte, ihnen die Macht gab, eine ganze Welt

14

zu belehren, umzuwandeln. Darum — heilig sei uns der Sonntag! ruft der hl. Johannes Chrysostomus aus, denn der Sonntag war auserkoren, der Zeuge zu sein, wie die Sünde von der Erde weggetilgt, der Satan in Ketten gelegt und die Menschen mit ihrem Schöpfer und Herrn wieder ausgesöhnt wurden; der Sonntag war auserkoren, Zeuge zu sein von den drei großen Offenbarungen der allerheiligsten Dreieinigkeit, des Vaters, als er im Beginne der Zeiten das Licht schuf; des Sohnes, als er die Schatten des Grabes verscheuchte und sich im Lichtglanze seiner Herrlichkeit zeigte; des heiligen Geistes, als er die Strahlen der Wahrheit und die Flammen der Liebe über die in Finsterniß und Selbstsucht versunkene Heidenwelt ausgoß. Ja — heilig sei uns der Sonntag! er ist der Erinnerungstag und das lebensfrische Denkmal an die wundervollen Thaten der Allmacht und Menschenfreundlichkeit Gottes, an die Wiedererhebung und Hoffnung des Menschengeschlechtes. Diesen heiligen Tag entheiligen, das heißt und ist so viel als verwegene Hand anlegen an die Ehre Gottes und an die Würde des Menschen, um sie durch solche Missethat von dem ihnen gebührenden Throne herunterzustürzen und sie — das Heiligste in den Staub zu treten.

Noch lag das Christenthum in der Wiege, und schon stand der Name des Sonntags, des Tages unsers Herrn, auf die Blätter der hl. Schriften eingetragen; Johannes, der Evangelist, gibt ihm in seinem Buche der Offenbarung 1, 10 (in die dominica) zuerst diesen Namen, er nennt den Sonntag „Tag des Herrn“. — Von dieser Zeit an galt die Feier des Sonntags den Christen als eines der Hauptgebote des Christenthums. Nicht Verfolgungen, nicht nationale Verschiedenheiten und kein Wandel der Menschen und Dinge waren im Stande, die Sonntagsfeier, an die sich fortwährend die Erinnerung an die Schöpfung und Erlösung knüpft, im Glauben und Leben der Kirche abzuändern oder umzugestalten. Dießfalls ist die vollgültige Stimme der Ueberlieferung unverkennbar. Wie die heiligen Märtyrer Justinus und Irenäus, ebenso bezeugen auch Tertullian und Origenes, daß der erste Wochentag zu den Versammlungen der Christen bestimmt war. Die Heiden selbst wußten, daß die Christen ihre Mysterien am Sonntag feiern; denn um sie schuldbar und des Todes würdig zu finden, dazu genügte ihnen schon die Frage: „Habt ihr den Sonntag gefeiert?“ — Als, wenige Jahre nach dem Tode der Apostel, der Philosoph Justin vor den Kaiser Mark Aurel geführt wurde, verantwortete sich der Heilige, wie folgt (Apol. I. 66. 67): „Am Tage des Herrn, den Andere den Tag der Sonne nennen, versammeln sich unsere Brüder von Stadt und Land an einem gemeinsamen Orte. In diesen Versammlungen werden die Schriften der Apostel oder die Bücher der Propheten vorgelesen. Ist die Lesung zu Ende, dann hält der Vorsteher an die Versammelten eine Ermahnung, den Lehren, die sie soeben vernommen, treu zu bleiben. Hierauf erheben sich alle zum Gebet, und nach diesem bringt man das Brod, den Wein und das Wasser dar, das unter die Gläubigen ausgetheilt wird. Nach dem Segensspruche (Consecration) und der Dank= sagung und bevor man auseinandergeht, legen die, welche das Vermögen dazu haben, für die Armen ein Almosen nieder. Wir haben den Sonntag zu unsern Versammlungen gewählt, weil er der erste Tag der Schöpfung und zugleich der Tag ist, an welchem unser Herr Jesus Christus von den Todten auferstanden ist." — Meint man nicht hier gerade das zu hören, was jetzt noch alle Sonntage in unsern Kirchen vorgeht?

Seit jenen Zeiten sind die Aufrufe der Freude und der Hoffnung — Gloria in excelsis Deo, Ehre sei Gott in der Höhe! Oremus, Laßt uns beten! — nie mehr verstummt; der erste Wochentag, durch die Auferstehung des Gottmenschen, und sieben Wochen später durch die Herabkunft des heiligen Geistes geheiliget und verherrlichet, war für die Christen immer der Tag der Anbetung, der.Fürbitte, der Danksagung, der christlichen Mildthätigkeit, der gemeinsamen Erbauung und Heiligung.

III.- Die Heiligung des Sonntags ist ein allgemeines, ein Weltgesetz.

Dieses Gebot ist, wie der hl. Thomas von Aquin sagt. (Summ. Theol. 2, 2, 9), zum Theil schon ein Gesetz der Natur; seinem Charakter der Allgemeinheit merkt man es ab, daß es das Werk und Gebot Gottes ist.

Diese so großartige göttliche Anordnung ist mit unauslösch= lichen Zügen eingegraben, wie in das Herz des Menschen, so auch selbst auf die nie ruhenden Wogen der Zeit. Diese feste Abgrenzung der Woche, diese unveränderte Fortdauer der ge=

heimnißvollen Siebenzahl, welche den Tagen ihre Eintheilung gibt, hat etwas, das höher steht, als alle menschliche Erfindung und jede Berechnung bloß menschlicher Wissenschaft. Ein gelehrter und redegewandter Mann unserer Zeit, auf dessen Urtheil wir uns schon oft berufen haben, sagt: Gott hat wie mit Vorliebe die Siebenzahl überall hingezeichnet, sie aufgeprägt der natür= lichen und der übernatürlichen Offenbarung, um so die Erinne= rung an diese heilige Ruhe, die allwochentlich bis an's Ende der Zeiten wiederkehren soll, in der Sitte und Gewohnheit aller Völker desto tiefer einzugraben. Schon auf den ersten Blättern der hl. Schrift findet ihr diese heilige Siebenzahl abgebildet. So schließt sich das Werk der Schöpfung mit dem siebenten Tage ab; die Sündfluth beginnt am siebenten Tage, nachdem Noa seine Zeitgenossen zum letzten Male vor dem hereinbrechenden Gottesgerichte gewarnt hatte; und die Arche, die den Samen einer neuen Welt in ihrem Schoße trug, bleibt auf dem Gebirge Armeniens stehen nach einer siebenmonatlichen Dauer der Sünd= fluth. — In Uebereinstimmung mit dem Dekalog mußten die Hauptfeste während sieben Tagen gefeiert werden; der Ostern folgte das Pfingstfest nach sieben Wochen; im gelobten Lande war jedes siebente Jahr ein Ruhejahr, und je nach siebenmal sieben Jahren feierte das israelitische Volk sein Jubeljahr mit besonders herrlicher Festfreude. Was hatten die Reinigungen zu bedeuten, die siebenmal wiederholt werden mußten? Wozu der goldene siebenarmige Leuchter, der im Tempel zu Jerusalem mit sieben heiligen Flammen zündete? Warum hat der König David siebenmal des Tages das Lob Gottes angestimmt? Und warum ist endlich die Ankunft des Messias festgesetzt auf die siebenzigste Jahreswoche? Die Väter und Lehrer der Kirche geben uns die Antwort, Gott habe mit allen diesen Bildern, Zeitwenden und Symbolen das Andenken überliefern und verewigen wollen an die Ordnung, die er für den Lauf der Dinge festgesetzt, und an die allwochentliche Ruhe, davon er dem Menschen das Ge= bot und das Beispiel gegeben. *)

Diese Ueberlieferungen eines unvollkommenen und vorbild= lichen Gesetzes setzen sich auch noch unter dem Gesetze der Gerech=

---

*) S. Abbé Besson. Der hochw. Geistlichkeit sind die Werke dieses Autors über den Gottmenschen, die Kirche, das Gesetz 2c. sehr zu empfehlen.

17

tigkeit und Vollkommenheit fort. Hier stimmen mit einander überein das alte und das neue Testament, Jesus und Moses, die Kirche und die Synagoge. Der gleiche Grundgedanke und die nämliche Grundzahl tritt wieder hervor in den sieben heiligen Sakramenten, in den sieben Gaben des heiligen Geistes, in den sieben Siegeln, womit das Buch der Offenbarung beschlossen ist, in den sieben Bitten des Vater-unser's, in den sieben Diakonen, die von den Aposteln zum Dienste der Armen und des Altares aufgestellt wurden, in den sieben kanonischen Stunden des Kirchengebetes. Und wie diese geheimnißvolle Zahl hienieden im Reiche der Natur und Gnade ihren Rang behauptet, so wird sie auch Geltung haben im Reiche der ewigen Glorie, sie wird, wie der Apostel Johannes bezeugt, mit siebenfarbigem Strahlenglanze den Thron des makellosen Lammes umgeben.

Von diesen unbestreitbaren Zeugnissen der Ueberlieferung des Menschengeschlechtes hat auch die neuere Wissenschaft nicht Umgang nehmen können; sie hat auf dem Wege ihrer Forschungen neue Beweise die Menge aufgefunden, sie bezeugt, daß das Morgen- und Abendland, die Schulen und die Tempel, die Volkssagen wie die Ergebnisse philosophischer Untersuchungen diese Siebenzahl der Woche verherrlichen, daß der Beweis für sie, wie aus den Archiven der Geschichte, so aus dem Herzen und Bewußtsein des Menschengeschlechtes sich herausspricht.

Der Unglaube unserer Tage, der nur allzu oft mit seinen wissenschaftlichen Errungenschaften großthut, bedenkt nicht, daß, indem er den himmlischen Ursprung des gottesdienstlichen Tages läugnet, er sich nicht nur dem Lichte der Offenbarung verschließt, sondern auch noch alles Verständniß für die Geschichte des Menschengeschlechtes verliert. Es scheint wirklich, Gott habe die Siebenzahl als Grundlage für das Weltall auserkoren und in diesem Sinne sei jene Schriftstelle zu fassen (Sprüchw. 9, 1): „Die Weisheit baute sich ein Haus, und hieb sieben Säulen aus."

Im Bereiche seines Thuns und Verkehrs hat der Mensch andere Regeln festgesetzt, seine Maaße und Gewichte auf das Dezimalsystem gestellt; nur der Zeit konnte er sich nie bemächtigen, nie das Maaß derselben aus dem Kreislaufe der sieben Tage herausbringen; diese heilige Zahl ist ein unauslöschliches

2

18

allen Zeitbewegungen aufgeprägtes Wahrzeichen von der Macht
und von dem Rechte Gottes.

Zu allen Zeiten bestand in der Welt eine Gewohnheit, welche
so recht lebhaft an die Schöpfung in sechs Zeitfristen erinnerte;
und vom Tage der Ruhe, der auf sie folgte, stammt die Ein=
theilung der Zeit in Wochen. Dieses Zeitmaaß ist gleichsam
die Fußstapfe und der Beweis von der Ordnung und Reihen=
folge, in welcher Gott sein Werk vollendete. Die waren wohl
irrig daran, welche meinten, die Woche schreibe sich her von der
Beobachtung der sieben Planeten. Diese Zeiteintheilung findet
sich im Alterthume, bevor man etwas von sieben Planeten wußte;
denn anfänglich konnte man nur zwei oder drei Planeten mit
Leichtigkeit entdecken und beobachten. Die Wocheneintheilung
verliert sich in die vorhistorischen Zeiten der Völker. In der
bekannten Encyklopädie von Diderot sagt Laplace: „Als den
ersten Schritt, den die Menschen gethan, um sich ein bestimmtes
Zeitmaaß zu schaffen, haben wir diese kleine Periode von sieben
Tagen anzusehen, die wir Woche nennen." Man weiß, daß
sie schon vor unvordenklichen Zeiten beinahe bei allen Völkern in
Uebung und ihre Eintheilung sich überall vollkommen gleich=
förmig war. Die Hebräer, die Assyrier, die Aegyptier, die In=
dier, die Araber, kurz alle Völker des Morgenlandes bedienten
sich der Wochen, die sieben Tage umfaßten.

Auch Selden zog die Woche in den Kreis seiner For=
schungen und fand, die Gewohnheit nach Wochen zu rechnen sei
im Morgenlande uralt. Und Scaliger sagt, von den urältesten
Zeiten an haben alle Völker des Morgenlandes sich des Kreis=
laufes einer Woche von sieben Tagen bedient, um darnach die
Tage und Zeiten zu bemessen. — Auch jetzt noch ist sie in der
ganzen Welt in Uebung. Die Juden beginnen die Woche mit
dem Samstag, die Christen mit dem Sonntag, die Heiden mit
dem Samstag, die Muhamedaner mit dem Freitag. Die Ara=
ber, Indier, Chinesen beobachten bei ihren Zeiteintheilungen eben=
falls das bestehende Maaß und den allgemeinen Gebrauch der
Woche; auch noch die Trümmer einer uranfänglichen Ueberlie=
ferung bekräftigen das Zeugniß, das die heilige Schrift für den
Ursprung der Woche ablegt. (S. Gainet. La Bible sans la
Bible.) Die größten Denker unter den Heiden stimmen mit dem,
was der Volksmund von jeher ausgesprochen, überein. Also

nicht der Mensch hat diese Zeitbezeichnung und Zeitbemeßnung erfunden und gemacht, sondern er hat sie von Gott erhalten.

Und nun — wer wagt es denn, dieser mächtigen Stimme der Jahrhunderte und der Menschen, diesem Zeugnisse, das dauer= hafter, als in Marmor, in alle Zeit eingegraben ist, zu wider= sprechen, und das heilige Gesetz der Sonntagsfeier anzuzweifeln und zu bestreiten, anzutasten die Feier eines Tages, der nicht nur der Festtag Einer Kirche oder Eines Landes, sondern der Feiertag der ganzen Welt ist?

Seit den uranfänglichen und wonnevollen Tagen des Pa= radieses, deren sich die Menschheit nur noch dunkel erinnert, bis zu jenem Opferaltare, den Noe nach der Sündfluth dem Herrn errichtet, und von dem beweglichen Zelte Abrahams bis zu der in der Wüste wandernden Bundeslade, und vom Tempel Sa= lomons an bis zu dem Saale des Abendmahles, als der glor= reich Erstandene den Seinen erschien, und von den Katakomben an bis in die Basiliken unserer Tage herein, ist's nur Eine Stimme, und diese Stimme gibt Zeugniß der Heiligkeit des Sonntags und gemahnet uns, dieses allgemeine, dieses für alle Welt geltende Gesetz der Sonntagsfeier zur Anbetung und Ver= herrlichung Gottes mit unverbrüchlicher Treue zu halten.

IV. Die Heiligung des Sonntags ist ein Gesetz der Sittlichkeit.

Es ist ein unbestreitbarer Grundsatz, daß Gott die einzige Quelle wahrer Sittlichkeit ist, und daß die Tugend gerade in dem Grade bei einem Volke heimischer wird, in welchem bei ihm die Gottesverehrung in Zunahme begriffen ist.

Die Religion ist des Menschen erste Pflicht und zugleich sein dringendstes Bedürfniß. Ein der Naturreligion sich zu= neigender Schriftsteller gesteht das, und es mag nicht ohne Nutzen sein, seine Worte hier anzuführen: „Nicht selten stellen sich Stunden der Entmuthigung ein, wo die Welt uns ohne Licht und Trost läßt, wo die Religion allein uns Frieden, Trost und Muth gewähren kann. Es gibt Seelen, denen das Leben ohne geistlichen Trost unerträglich würde und die auch ohne geistlichen Unterricht nicht im Stande wären, sich von ihrer sittlichen Makel zu befreien und von ihrem Falle sich wieder zu erheben. Wer des Menschen Natur in ihren Tiefen durchforscht hat, der weiß, daß Menschen in großer Zahl versammelt den Mangel zeitlicher Güter leichter verschmerzen, bälder bis zur Begeisterung sich er= schwingen, zugänglicher für die erhabenen Eindrücke der Kunst sind., und von religiösen Gefühlen lebhafter ergriffen werden. Die Individuen verschwinden da gleichsam und vergessen sich, und die Menschheit selbst ist's, die in jedem von ihnen denkt, athmet und lebt. Mit Vielen sich zum Gebete versammeln, das ist wahrhaft Gott sich nahen."*)

Ja, diese geistige Sammlung und Erholung, diese Stunden feierlicher Ruhe, diese süßen und starken Gefühle des Herzens, diese geheimnißvollen Erhebungen des Geistes, wer kann sie ihm geben — dem unter der Last seiner Arbeiten keuchenden Hand= werksmann; dem Weibe, dessen tägliches Brod Leiden und Thränen sind; dem Volke, das unter der Bürde seiner Nahrungs= sorgen seufzt — wer anders, als die heilige Kirche mit ihrer erhabenen und rührenden Sonntagsfeier? Wer mahnet den Menschen, der Tag um Tag zu der vom Fluche Gottes ge= troffenen Erdscholle sich niederbeugt, sein Haupt doch wieder ein= mal zu erheben, gen Himmel aufzublicken und sich zu erinnern, daß er eine freie, lebendige und unsterbliche Seele habe? Wer ist im Stande einer solchen Seele Licht auch für die trübesten und aussichtslosesten Tage, Kraft und Muth zu jeglichem Kampfe zu spenden, in jeglichen Schmerz ihres irdischen Lebens den lindernden Balsam himmlischen Friedens zu träufeln?

Ist nicht der Sonntag die große Schule, in welcher der Christ sich wieder in den Lebensquell seines Geistes, in den Lichtstrom der himmlischen Wahrheit versenkt? Ja — hier gebietet er dem gemeinen Verkehre des Alltagslebens Schweigen und Ruhe; sein Leib, den die Last von sechs Tagen niederge= beugt, erhebt sich wieder zur Betrachtung göttlicher Dinge; seine sonst so zartsinnige und hochherzige, aber von irdischen Sorgen ermattete Seele, athmet im Lichte Gottes wieder auf wie neu= geboren. Während der Woche bekam er kaum anderes zu hören, als das Gelärme und Gerede der Welt, nur gar zu oft keine andere, als die sündigen und trugvollen Worte der Verführung. Die Industrie schrie ihm in die Ohren: Arbeite, der Mensch ist

---

*) Jules Simon. La liberté, tome II. p. 359.

nur so viel werth, als er arbeitet; mach' dich geltend und mög=
lichst breit, erweitere dein Besitzthum, werde reich und gebiete.
Reiche Glückspilze sagten ihm: Mach' dich lustig, erhasche die
Freude im Flug, das ist das allgemeine Lebensziel, wer dieses
erreicht, der hat sein Glück gemacht. Auch die Zweifler raunten
ihm in's Ohr: Im großen Weltorganismus bist du weiter nichts,
als ein winziges Insekt, ein etwas perfektionirtes Thierlein. —
Während sechs Tagen ertönte unabläßig solch verführerisches und
gefährliches Gerede, wie das Gezischel von giftigen Schlangen=
zungen, in seinen Ohren. Aber am Sonntage, dem Lehrstuhle
der göttlichen Wahrheit sich nahend, wird er über all' diesen
Trug und Schwindel enttäuscht; das evangelische Wort schafft
ihm Licht und Aussicht in eine ewige Zukunft; es sagt ihm:
„Du bist ein Kind Gottes, gefallen in Adam, aber erlöset in
Christus; du bist ein Fremdling auf Erden, aber das Ziel
deiner mühevollen Wanderschaft ist die herrliche Heimat der
Kinder Gottes im Himmel." — Ja — hier, von diesem hei=
ligen Lehrstuhle herab vernimmt er die Geschichte des Menschen=
geschlechtes und die Wunder der himmlischen Erbarmung und
Liebe; hier taucht er wieder seinen Geist in die Quellen leben=
digen Wassers, und gehoben und glaubensgewiß und glaubens=
froh stimmt er gerührten Herzens und mit vollkräftiger Stimme
ein in das uralte Glaubensbekenntniß seiner Väter: Ich glaube
an Gott Vater, den allmächtigen Schöpfer; ich glaube an Jesus
Christus, seinen eingeborenen Sohn, unsern Herrn; ich glaube
an den heiligen Geist; ich glaube an die heilige katholische
Kirche; ich glaube an das ewige Leben! — Ueberall sonst hört
er seine Religion bekriteln und bemängeln; die Existenz der
Seele wird bestritten, ihre Unsterblichkeit geläugnet, Gott selbst
in Zweifel gestellt; sagt mir, was soll doch aus einem Volke
werden, das für nichts mehr Glauben und Hoffnung und Liebe
hat, als einzig noch für seine weltlichen Geschäfte und sinnlichen
Freudengenüsse? Glaubt es nur — ein solches Volk ist bald
dazu reif, das Opfer boshafter List und roher Gewalt zu
werden!
    Sollte Jemand, sich selbst prüfend, die Wahrnehmung ma=
chen, daß er mit seinem Glauben Schiffbruch gelitten, der gehe
nur wieder zur Kirche, und er wird seinen Glauben wieder in
den süßen Erinnerungen an die glücklichen Jahre seiner Kindheit

und Jugend finden. Ein Philosoph unserer Tage, der an sich
selber die Wahrnehmung machte, wie ihm während seiner wis=
senschaftlichen Forschungen der Glaube allmählich erlosch, raffte
sich wieder auf durch den Besuch der Orte, wo er einst in se=
liger Unschuld dem Gottesdienste beigewohnt und mit gläubig=
frommem Sinne Gott gedient hatte. Er erzählt uns das selbst
in den Wehmuth athmenden Worten: „Nun befand ich mich
wieder unter dem heimischen Dache, wo die Tage meiner Kind=
heit dahinfloßen, und alles stand wieder vor mir da, was einst
meine Augen bezaubert, mein Herz gerührt hatte; alles war noch
so, wie es einst gewesen, nur ich nicht mehr. Da stund noch
die nämliche Kirche, und immer feierte man noch in ihr mit
der nämlichen Sammlung und Andacht die heiligen Geheimnisse;
diese Felder und Wälder und Bächlein, noch immer wurden sie,
wie einst, im Frühling gesegnet; und ganz so, wie früher, wurde
an jenem Hause dort am hochheiligen Tage ein Altar mit Blu=
men und Laubwerk errichtet; und es trat wieder auf der näm=
liche Pfarrer, der mich einst im Glauben unterrichtet, mit freilich
etwas gebleichten Haaren, aber doch immer noch der gleiche
und des nämlichen Glaubens, wie einst; und alles, was ich
einst geliebt, und alles, was mich einst hier umgab, alles hatte
noch das gleiche Herz, die gleiche Seele, den gleichen zuversicht=
lichen Glauben. Nur ich hatte ihn verloren, nur ich stund in
meinem Leben da, ohne zu wissen, woher und wozu; ich allein
war in meiner Seele leer und trostlos, alles höheren Lichtes
beraubt, blind, unbefriediget."*) Diese und solche wehmuths=
volle Klagen, wie sie sich aus der Brust solcher Menschen her=
vordrängen, die nach Verlust des Glaubens in ein endloses
Chaos von Zweifeln und Irrthümern hineingerathen, werden
sich immer hören lassen, wenn der Sonntag nicht mehr das
heilige Recht haben soll, die Völker um den Lehrstuhl der christ=
katholischen Wahrheit zu sammeln, um ihren Geist mit dem
Manna der himmlischen Lehre zu nähren.

Das Menschenwort, sei es noch so herrlich und gewaltig,
hat seine schwachen Stunden; bald Königin, bald Sklavin, er=
höhet oder erniedriget, ein Organ der Wahrheit oder eine Dienst=
magd des Irrthums, ein Leuchter oder eine Brandfackel, wandelt

---

*) Jouffroy. Nouveaux mélanges, p. 103.

es dahin und verbreitet Licht um sich her, oder bezeichnet seine Bahn mit Trümmerhaufen, einiget die Geister oder trennt sie aus einander, stiftet Haß und Feindschaft, oder umschlingt die Herzen mit dem Bande der Eintracht und Liebe. Der Fall ist nicht selten, daß Einer, hat er den trugvollen Zauber des Menschenwortes aus selbsteigener bitterer Erfahrung kennen gelernt, sich's fest vornimmt, dasselbe nur mit Mißtrauen anzuhören, eben weil es allaugenblicklich schwanket zwischen Licht und Schatten, und aus seinem Schooße den Völkern bald das Leben, bald den Tod gebiert. Glücklich derjenige, welcher in der Stunde, da ihn solch ein Mißtrauen befällt, sich aufzuraffen weiß und Zuflucht nimmt zu dem Unterrichte, der niemals trügt, zu dem Lichte, das sich nie in Finsterniß wandelt, zu der Vernunft, die der Unfehlbarkeit gewiß ist, zu jenem fleischgewordenen Worte, zu welchem der Apostel sprach (Joh. 6, 69): „Zu wem sollten wir gehen? Du hast die Worte des ewigen Lebens."

Das ewige menschgewordene Wort Gottes hat den Lehrstuhl der katholischen Kirche mit göttlicher Sendung, mit göttlichem Lichte, mit göttlicher Autorität ausgestattet. Er hat ihn erhoben über all' die wechselvollen Launen menschlichen Meinens, über all' die schwankenden Ergebnisse der Wissenschaft, über alles Getriebe und Schaukelwerk der Politik. Es hat ihm den Himmel zum Ursprung, den heiligen Geist zum Führer, die Wahrheit zum Lehrinhalt, zur Zuhörerschaft ihm alle Jahrhunderte und die ganze Welt gegeben. „Wie mein Vater mich gesendet hat, so sende ich euch. Bei euch bin ich alle Tage. Lehret alle Völker." (Matth. 28, 18. 19.)

Die katholische Lehrkanzel wird nie unversehens überrascht, so daß sie nicht Bescheid zu geben wüßte; sie hat Licht und Aufklärung für alle Zeiten und Zeitwenden; sie läßt sich hören im Zeitalter des Augustus; sie sittiget und bildet die barbarischen Völkerstämme; sie zieht groß die sozialen Körperschaften des Mittelalters und vertheilt unter die Völker unseres Zeitalters jene Schätze der Offenbarung, ohne welche die Geister und Herzen vor Ungewißheit und Trostlosigkeit verschmachten müßten.

Sie fürchtet nichts, sie ist im Besitze der Wahrheit, die ihren Wohnsitz droben hat, hoch über allen Mächten dieser Welt. Eine unversöhnliche Gegnerin des Irrthums, aber jeder irrenden Seele eine theilnehmende Freundin, läßt sie sich vom Vorurtheile

und vom Wankelmuth nichts abmarkten; ohne Rücksicht auf
Leidenschaften, Glücksgüter und Ansehen in der Welt, rettet sie
die Seele aus ihren Verwirrungen und Gebrechen, und weiset
ihr den Weg der Pflicht; wie sie das Gewissen des Verbrechers
aus seinem Schlummer aufstört, so flößt sie auch dem Reumü=
thigen Hoffnung in's Herz und ermuntert den Tugendhaften zur
Beharrlichkeit. Sie mag wollen oder nicht, die Welt beugt sich
unter die Herrschaft dieser Lehrkanzel und anerkennt unwillkür=
die Macht derselben.

Der Sonntag ist also die große Schule der Wahrheit.

Wäre, was wir zu verkünden haben, nur ein Menschen=
wort, die Reihen der Zuhörer um diesen Rednerstuhl würden
bald sich lichten; glänzendere Redner, als wir sie haben, mußten
bald erfahren, daß sie inmitten leerer Räume allein stunden und
den einstigen so stürmischen Beifallsrufen vollständiges Still=
schweigen folgte. Nein, was euch in dichten Schaaren um uns
her sammelt, was euch an unsere Lippen heftet, das kommt
daher, daß euer Auge nicht an dem Schleier unserer persönlichen
Schwachheit haften bleibt, sondern mit dem Tiefblicke des Glau=
bens erfurchtsvoll in uns den Priester des Herrn ansieht; gerne
lauschet ihr einer Stimme, die der Wahrheit geweihet und ihr
allein verlobt ist, einer Stimme, die den Leidenschaften nicht
schmeichelt, die voll zärtlichen Erbarmens dem Menschen an's
Herz redet, die ihm aber auch die kleinsten Vergehen nicht unge=
ahndet hingehen läßt. Sie ist die Stimme des fleischgewordenen
Wortes, das zu Bethlehem geboren ward, das an ein Kreuz ge=
heftet erstarb, aber glorreich sich wieder aus dem Grabe erhob;
das die Apostel gehört, das ihre Nachfolger an uns überliefert,
und das von einem Menschenalter zum andern und von Jahr=
hundert zu Jahrhundert, ohne jemals dem Wandel und Wechsel
des Menschengeschlechtes unterworfen zu sein, die Welt beherrscht,
um sie zu erleuchten, vom Untergange zu retten und zu heiligen.
Der katholische Tempel birgt unerschöpfliche Quellen, aus wel=
chen sich die Wahrheit und Gnade in Strömen ergießt; Woche
um Woche wird da die gläubige Menge die Schülerin des himm=
lischen Lichtes.

Ohne den Sonntag ist das Volk den Einflüssen aller Nieder=
tracht und sittlichen Verkommenheit preisgegeben; das Wegbleiben
von den Altären des Herrn, die Entwöhnung von allen religi=

öfen Uebungen raubt ihm allmälig auch allen religiösen Sinn und eben damit jegliches Heil= und Schutzmittel gegen die sündigen Neigungen in seinem Innern und gegen die Verführungskünste von Außen. Erscheinen dagegen die Menschen am Sonntage in den heiligen Räumen des Gotteshauses, so erwachet ihr Gewissen hier wieder im Anblicke des Taufsteines, wo sie von ihrer Erbschuld gereiniget wurden, des Beichtstuhles, wo einst die kindlichen Reuethränen ihnen den süßesten Seelenfrieden brachten, jenes Kommuniontisches dort, wo sie in den Blüthetagen ihrer Jugend in heiliger Wonne knieten, und es läßt sich durchaus nicht denken, daß ein Mensch, wenn ihn diese überirdische Atmosphäre des katholischen Gottesdienstes von allen Seiten umgibt, gott= und religionslos bleiben könne. Das gemeinsame Gebet des versammelten Volkes, die Darbringung des heiligsten Opfers, die Ehrfurcht, mit der Alle vor dem Allerheiligsten auf die Kniee fallen, die jubelvollen Lobgesänge und dann wieder die feierliche Stille — alles ergreift ihm die Seele, erhebt sie über alles, was nur gemein und alltäglich ist, entzieht sie dem engen Kreise bloß irdischer Absichten und niederträchtiger Leidenschaften, und versenkt sie in die Unendlichkeit Gottes. O gewiß liegt es unserm Willen ferne, daß Glauben und Frömmigkeit in einem leeren Formalismus aufgehen; das hieße wahrlich nur, die sittliche Verdorbenheit mit dem leicht durchsichtigen Firniß sinnloser Zeremonien überkleistern, den kraft= und thatlosen Willen mit einem trügerischen Scheingepränge einschläfern und nichts anderes, als einen gleißenden Aberglauben treiben. Nein, mit ihrer gesammten äußerlichen Feier des Gottesdienstes hat die katholische Kirche nie etwas anderes beabsichtiget, als ihre geistigen Lehrwahrheiten auch mit dem Gewande sinnlicher Wahrnehmung zu umkleiden, den Glauben in Gleichnissen darzustellen, und so den Menschen auf dem Wege sinnlicher Veranschaulichung desto leichter und kräftiger von Stufe zu Stufe zum wonnevollen Schauen des Uebersinnlichen und Göttlichen hinanzuleiten. Wir kennen das Wort (Joh. 4, 24): „Gott ist ein Geist, und die ihn anbeten, müssen ihn im Geiste und in der Wahrheit anbeten"; aber wir wissen auch, daß der Mensch sinnlicher Zeichen bedarf, eines Blickes nach dem Himmel, bildlicher Darstellungen evangelischer Thatsachen, des Kreuzeszeichens, der Lobgesänge; Gott zu finden und mit ihm sich zu vereinigen, dazu bedarf er dieses äußerlichen und öffentlichen Gottesdienstes; das ist auch der Weg, den der ewige Sohn Gottes selbst betreten, als er sich dem Menschen nahen wollte, er nahm Wesen und Gestalt des Menschen an, der eine leben= dige Seele ist, vereint mit einem sinnlichen Leibe. Die Heiligung des Sonntags ist also ein Gesetz der Sitt= lichkeit, indem sie einen mächtigen Einfluß übt auf die Belebung und Entfaltung jeglicher Tugend; der Sonntag ist die reichhal= tige Quelle der Sittlichkeit für die Völker, weil dieser Tag ge= weihet ist der allgemeinen Anbetung Gottes, der allein den Menschen von seinem Fall erheben, ihn begnadigen, segnen und heiligen kann.

Der Sonntag spendet jedoch nicht nur Licht und Kraft, sondern er bringt auch Trost und Freude für Jedermann. Jenes oft sich wiederholende Wort, das unser Herz zur wahren Freude aufmahnt: „Freuet euch im Herrn!" — kann sich erfüllen und verwirklichen nur dort, wo die Tugenden in der Blüthe stehen und die Religion ihren himmlischen Wohlgeruch verbreitet. Die Freude hat ihre Geburtsstätte in dem bessern Theile der Seele und wo sie von einem göttlichen Lichtstrahle beschienen wird; ein Mensch bedrängt den andern und ein Herz beengt das andere; hienieden führt es ihn täglich an den Oelberg, bedarf er täglich einer Hand vom Himmel, die ihn unterstützt, damit er sich den Leidenskelch unverzagt an die Lippen setze. Die Freude ist nicht eine Blume, die in diesem Thale der Thränen wurzelt und gedeiht; dem Thau ist sie ähnlich, der die Pflanzen belebt und tränkt, vom Himmel herab fällt sie in das Herz des Menschen.

Es ist wahr, was Montesquieu gesagt hat: Für die Men= schen gibt es nichts tröstlicheres, als sich zusammenzufinden an einem Orte, wo sie sich der Gottheit näher fühlen, und wo alle mit einander ihre Schwäche und ihr Elend laut werden lassen. Er hat hiemit nur mit andern Worten den gleichen Gedanken des hl. Thomas von Aquin ausgedrückt, welcher sagt, die Tempel seien errichtet nicht so fast Gottes wegen, als vielmehr um der Menschen willen, die ihn darin anbeten (non propter Deum, sed propter ipsos adorantes). — Auch der Reiche hat seine Mühen und Beschwernisse in dieser Welt; aber soll nicht auch er sich von Zeit zu Zeit entziehen den Schmeicheleien, die ihn bethören, der Behaglichkeit, die ihn verweichlichet, der überspann=

ten Meinung von seinem persönlichen Werthe, und wenigstens
einmal in der Woche ein Wort sich in den Ohren ertönen
laffen, das mit der unpartheilichen Freimüthigkeit ihm sagt,
daß auch der Reichthum seine Pflichten und seine Gefahren habe;
ist es ihm nicht heilsam, daß auch er vor dem heiligen Opfer=
altare auf die Kniee falle und sich erinnere, daß er von dem
Herrn der Welt ein bettelarmer Mensch und vor seinem Heilande
Jesus Christus ein armer Sünder ist; ist es nicht gerade ihm
zum Heile, wenn er vernimmt, welch' eine erhabene Stellung
die Armen im Lichte des Glaubens einnehmen; thut es nicht
ihm noth, Erbarmung zu finden für seinen Hochmuth, empor=
gehoben zu werden über die gemeinen Freudengenüsse, geheilt zu
werden von dem Ekel und der Langweile, die auch in den
Becher der Weltglücklichsten hinieden den bittersten Wehrmuth
träufen lassen? — Und der arme Taglöhner, mag er dort
draußen auf dem Lande eine Scholle umgraben, die nicht ihm
Frucht bringen soll, oder da drinnen in der Stadt im Staub
und Rauchqualm seiner Werkstatt beinahe erstiken, soll er kein
Anrecht haben auf die Freuden des Hauses Gottes und des
christlichen Sonntags — er, der vielleicht die ganze Woche hin=
durch nichts findet, als eine elende Wohnung, eine finstere Dach=
kammer, wo er das bittere Brod seiner Arbeiten und Mühsale
zu essen bekommt?

Der Arme hat den Sonntag gern, er fühlt sich so heimisch
in der Gemeinschaft der Christen, die alle Eines Glaubens und
Einer Liebe sind; das Volk versteht ganz gut, daß diese Schil=
dereien und Bildsäulen, diese Leuchter und Gemälde für es da
sind, zu seiner Freude und Erbauung der feierliche Glockenschall
und das tausendstimmige Orgelspiel und die melodischen Festge=
sänge, der duftende Weihrauch während des Hochamtes und die
prachtvolle Zeichenschrift aller Zeremonien.*) Der Arme hat
die Kirche so gern, denn in ihr schöpft er den himmlischen
Segen für das rauhe Tagewerk seiner Hände, sie ist die heilige
Freistatt, in welcher alle bedrängten Herzen Schutz und Obdach
finden. Dem Armen ist seine Pfarrkirche so lieb, weil überall
sonst er Almosen annimmt, hier aber Almosen gibt; denn seiner

*) Goethe sagt irgendwo: Der Protestantismus hat dem Genius die
Flügel gestutzt und ihn zu Fuß gehen lassen.

Armuth und seinem Schweiße mußte er noch einen Pfennig abzuringen, um im Vereine mit Allen dem Könige des Himmels dieses Haus zu bauen; bittend streckt er sonst Allen die Hand entgegen, in der Kirche aber wird er wieder seines Werthes bewußt, weil es auch ihm geglückt war, aus dem Ergebniß seiner Arbeit oder aus den milden Spenden, die er empfangen, dem Herrn der Welt ein Almosen zu geben, einen Baustein zu schenken demjenigen, der hienieden nicht einmal einen Stein hatte, auf den er sein Haupt hinlegen konnte.

O ihr Armen Jesu unseres Herrn! hat Gott euch die bittern Freuden eines großen zeitlichen Besitzthums versagt; muß euer Herz die elenden Genüsse, die der Reichthum sich verschaffen kann, entbehren; bringt nie weder das Lustgetöne der Musik, noch der Lichtschimmer von prächtigen Leuchtern Heiterkeit in euere Wohnungen hinein; begegnen die Woche hindurch eurem thränenfeuchten Auge nur nackte, vom Staub und Ruß geschwärzte Wände, und schwirren fortwährend in euren Ohren die untröst= lichen Klagen euerer Haus= und Stubengenossen; kehrt ihr an dem rauschenden Gepränge weltlicher Freudentage vorüber heim zu dem schmerzenreichen Schauspiele euerer Dürftigkeit — da mag es vielleicht euch Mühe kosten, von euerem Herzen den grimmigen Neid, und von eueren Lippen die gräuliche Gottes= läs"terung ferne zu halten. O ihr Armen in Christus dem Herrn! die Kirche hat einen glänzenden Palast aufgeführt, wo= hin sie euch auf den Sonntag einladet, wo sie euere Armuth unter den Schutz desjenigen stellt, der als ein armes Kindlein in der Krippe lag, wo sie am Fuße jenes Kreuzes, an dem der Herr nackt und sterbend gehangen, Trost in euere betrübte Seele gießt; dort leset ihr überall die Worte der göttlichen Freu= denbotschaft: „Selig die Armen! Selig die Leidenden!" — und durch den Schleier all der Herrlichkeiten des Hauses Gottes auf Erden erschaut euere hoffende Seele die Wonnege= nüsse, die euch im himmlischen Vaterhause zubereitet sind. Und so kehret ihr aus dem Tempel des Herrn zurück getröstet, gestärkt, Gott darum preisend, daß er die Armuth verherrlichet und ihr so große Dinge verheißen hat! — Ja, noch einmal — Gott will es so, herrlich, prachtvoll, Auge und Herz erfreuend soll der Gottesdienst gefeiert werden, damit ihr Trost habet in euerer Verlassenheit. In der Kirche werdet ihr schadlos gehalten für

die Freudenfeste der Welt; Jesu Christo zu Ehren, der demü=
thig und arm im Tabernakel unter uns weilet, und euch zu
Lieb', die ihr ja seine Lieblinge seid, sollen hier funkeln das
Gold und das Silber der heiligen Gefässe, glänzen die Seiden=
stoffe und Stickereien der priesterlichen Gewänder; hier sollt auch
ihr finden strahlende Leuchter und lichtreiche Lampen, hören ein
Concert harmonischer Töne und Stimmen, einathmen lieblichen
Wohlgeruch, und euere Augen ergötzen an dem sinnreichen Far=
benspiel der Fenster= und Wandgemälde — ja, euch zu Lieb'
ist dies alles da, für euch, o ihr Armen meines Gottes! Hier
seid ihr niemals fremd, dieses Haus unseres Herrn Jesus ist
auch euer Haus, euere Zuflucht, euere traute Heimat; hier habt
ihr vollberechtigt eueren Platz und niemand wird es euch wehren,
eueren Antheil zu nehmen am heiligen Worte des Herrn und
an seinen göttlichen Gnaden, einen Antheil, den euch niemand
streitig machen kann, gerade so, wie ihr auch draußen auf offe=
ner Heerstraße unbestrittenen Antheil habet an der Luft, die ihr
einathmet, und an dem Sonnenstrahle, der euch erwärmt. Ist
das nicht ein Zug der göttlichen Erbarmung, daß der Arme,
sonst überall hintangesetzt und nur gar zu oft im Vergleich zu
der Auge und Herz verletzenden Pracht der Reichen tief herab=
gewürdiget, dennoch am Sonntage ohne irgend welche derar=
tige Beschämung seinen berechtigten Theil bekömmt von seinem
Schöpfer und von den Reichthümern der Schöpfung, und sich
da von diesen sichtbaren Wundern erheben kann bis in die un=
sichtbare Welt des Glaubens und der Liebe?

Auch galt die Kirche von jeher als der Ort der Volksver=
sammlung im erhabensten Sinne dieses Wortes,*) so wie der
Sonntag für das Volk der Tag seiner Freuden und seines
Trostes ist.

V. Die Heiligung des Sonntags ist ein Gesetz der Freiheit.

Die zwei Worte „Gesetz" und „Freiheit" scheinen ein=
ander zu widersprechen, einander auszuschließen. Doch dem ist

---

*) Der hl. Johannes Chrysostomus sagt in Homil. 33 zu Matth.:
„Die Kirche ist das gemeinsame Haus für Alle. — Hier sind unsere
Schätze niedergelegt, hier ist unsere gemeinsame Hoffnung."

nicht so; im Sinn und Geiste des höchsten Gesetzgebers ist das heilige Sonntagsgebot eine Schutzwehr für die Freiheit des Menschen, jene Freiheit, die der Schöpfer dem Menschen ver- liehen, und den er durch die Erlösung aus der Knechtschaft des Irrthums und der Sünde errettet hat. Wenn ein gesammtes Volk an einem Wochentage von seinem gewöhnlichen Tagewerk ausruht und vor der Oberherrlichkeit Gottes anbetend sich in den Staub wirft, ist ein solches Schauspiel nicht der ausdrucks- vollste Beweis, daß der Mensch unabhängig vom Menschen und Gott allein unterthan ist?

Jedes liberale, im wahren Sinne des Wortes freisinnige Gesetz ist ein den schwächeren Theil der Menschheit schützendes Gesetz; das Kind, das Weib, der Handwerker, das mit Trübsal und Mühen ringende Volk soll nicht den brutalen Anforderungen derjenigen preisgegeben werden, die ihm Taglohn und Brod geben. Würde Gott sich nicht zwischen der Selbstsucht des Be- sitzenden und der Selbstsucht des Nichtbesitzenden ins Mittel stellen, so müßte der Schwächere dem Stärkern bald zur Beute werden. Die glühende Gier, schnell reich zu werden, die furcht- bare Concurrenz, die den Luxus zu immer höheren Begehrlich- keiten stachelt, und die nimmersatte, die immer mehr verlangende Gewinnsucht steuern mit allen Segeln darauf los, den Hand- werker auszubeuten, ihn wie ein gemeines Werkzeug zur Berei- cherung Anderer auszunutzen.

Verständige Fabrikanten, religiöse Gutsbesitzer und Werk- meister begreifen übrigens die Nützlichkeit der Sonntagsfeier ganz gut, und sehen wohl ein, daß der Sonntag gerade dadurch, daß er die Freiheit der Arbeiter begünstiget und schützt, auch der Ausgiebigkeit und dem Werthe der Arbeit förderlich ist. In der That, wie schwer versündigen sich jene Handwerksmeister, die ihre Angestellten, Gesellen und Lehrjungen auch am Sonntag noch zur Arbeit nöthigen! Ihr verurtheilt sie zu noch. härtern Zwangsarbeiten, als welchen sich diejenigen zu unterziehen haben, welche das Criminalgericht als Verbrecher bestraft; in den Zucht- häusern und Schellenwerken wird doch der Sonntag gefeiert, aber in euern Werkstätten nimmt auch am Sonntage das Klopfen und Knarren kein Ende.

Und nicht nur mißbraucht ihr die Arbeitskraft eures Näch- sten, sondern ihr verletzet auch noch die Freiheit des Gewissens.

Der Handwerksmann hat einen Gott, und es wär' ihm zum Heile, wenn er ihn lieben und ihm dienen könnte, und ihr entfremdet ihn diesem seinem Gott, der ihm all' seine Kraft und all' sein Trost sein würde! Will er den Sonntag nicht entheiligen, so entzieht ihr ihm die Arbeit für die Woche, das heißt, ihr nehmt ihm auch das Brod, ihm und seinen Kindern! Ihr seid eben so arge Kirchenverfolger, als Julian der Abtrünnige einer war, ihr habet das boshafte Mittel erfunden, sein Herz auf die Tortur zu spannen und ihn zur Abläugnung seiner Religion zu zwingen.

Wir wissen wohl, was für eine Antwort man auf diese wichtige Freiheitsfrage bereit hält; man gibt vor, in unserer Zeit gebe es keine Ungebildete und Schwache mehr und unsere, die Gleichheit Aller begünstigenden, sozialen Einrichtungen lassen kaum mehr eine solche Unterscheidung zu, wie denn solches auch wirklich erst vor wenigen Tagen ein Zeitungsblatt in die Welt hinaus geschwatzt hat, sagend: „Man ruft immer das Interesse der Schwachen an und verlangt schützende Rücksicht auf die in der Gesellschaft Niedriggestellten. Heißt das aber nicht, die Vorurtheile einer vergangenen Zeit auf die Zustände der Gegenwart übertragen? Darf man denn in unserer Zeit noch von Schwachen und Niedriggestellten reden, während doch Alle Stimm- und Wahlrecht haben, Allen durch das unbeschränkte Vereins- und Associationsrecht das Mittel der Kraft in die Hände gelegt ist, um sich die ihnen wesentlich nothwendigen und nützlichen Kenntnisse unentgeltlich zu erwerben? Ist denn in unserer Zeit die gemeine Masse irgendwie daran behindert, ihre Ansprüche geltend zu machen und ihr Interesse sicher zu stellen? Es scheint uns, daß sie sich ganz gut darauf verstehe, sich vernehmen zu lassen, so zwar, daß es einer nicht geringen Anmaßung bedarf, sich zu ihrem Schutzredner und Vertheidiger aufwerfen zu wollen."*)

Wir läugnen nicht, daß die fortschreitende Kräftigung der Sittlichkeit und der sozialen Einrichtungen eine Schutzwehr sei für die Würde des Menschen, aber gestehen muß man dennoch, daß Vereine nicht schon als solche aus lauter Engeln oder unfehlbaren Menschen bestehen; die besten Gesetzgebungen und durchgeführtesten demokratischen Verfassungen sind gleichwohl

---

*) Journal de Genève, vom 3. Febr. 1869.

nicht immer im Stande, die Ausbeutung eines Menschen durch den andern zu verhüten; es wäre ein leichtes, inmitten dieser modernen Civilisation eine unerträgliche Tyrannei mit Fingern zu kennzeichnen, einen empörenden Druck, den eine übermüthige und unersättliche Habsucht auf die arbeitenden Klassen ausübt.

Die gesetzgeberischen Repressivmittel reichen da nicht aus, denn Verschmitzten und Schlauen ist es ein leichtes, durch die Ritzen und Spalten des Strafgesetzbuches zu entschlüpfen und den Handwerker zu Zwangsarbeiten zu verdammen, ohne ihm einen Ehren= und Ruhetag übrig zu lassen.

Es gibt allerdings — Gott sei Dank! — auch noch Fabrikbesitzer und Handwerksmeister, die des gewichtigen Einflusses, den sie mit ihrem Vermögen und Ansehen auszuüben im Stande sind, ganz würdig sind; Ehre ihnen! Diese wissen allerdings wohl, daß der Meister an seinem Arbeiter, wenn er ihm die Erholungen des Sonntags gönnt, nebst Gottes Segen auch noch einen um so arbeitstüchtigeren und intelligenteren Gehülfen haben wird. Ein Reisender, der von Zeit zu Zeit stille steht, um wieder Athem zu schöpfen, kommt schneller an's Ziel, als derjenige, der in einemfort seines Weges geht. Man hat berechnet, daß ein Arbeiter, der täglich nur zwölf Stunden arbeitet, eben so viel und dazu noch bessere Arbeit liefert, als ein anderer, der täglich vierzehn Stunden arbeitet. Man hat wohl auch schon gesagt, die Maschinen machen den Menschen stumpfsinnig, so daß er sich kaum mehr von einem Rad oder Wendelbaum unterscheide. Dem ist aber doch nicht ganz so; wenigstens sind es doch meistens die Arbeiter, welche die Maschine vervollkommnen. Aber so viel ist gewiß, was den Arbeiter stumpfsinnig macht, das ist die Entheiligung des Sonntags. Wollt ihr geschickte Arbeiter haben, so gönnet ihnen einen Tag der Muße zur Bildung ihres Kunstsinnes und zur Aneignung nützlicher Kenntnisse.

Ach — daß ich es sagen muß: wie oft schon mußten wir mit betrübtem Herzen Zeugen des beklagenswerthen Schauspieles werden, daß Familienväter kummervoll und mit Thränen in den Augen es uns klagten, wie man sie unter Verlust des täglichen Brodes für ihre Familien am Sonntag zur Arbeit nöthige; man läßt ihnen keine andere Wahl, als entweder ihr Gewissen zu verletzen, oder ihre Anstellung zu verlieren. Und so muß sich denn der Arbeiter wie ein Sklave an die Werkstatt angekettet sehen zur nämlichen Zeit, in welcher er in den festlich geschmückten Hallen der Kirche erscheinen sollte, um dort Licht für seinen Geist und Trost und Freude für sein Herz aus den Quellen der Erlösung zu schöpfen. Mit eigenen Augen haben wir es auch schon oft gesehen, daß Kinder von fünfzehn Jahren, wollten sie nicht den sehr bescheidenen und zu ihrem Unterhalt nöthigen Wochenlohn verlieren, Landarbeit treiben mußten auch noch an dem Tage, an welchem sie Gott hätten anbeten sollen, der allein ihre Jugend erfreuen kann.

Ist es denn nicht himmelschreiend, dem Gewissen des Armen und dem Glauben des Volkes Gewalt anzuthun und sie an der Ausübung ihrer Religion zu verhindern! Und dennoch legt man es oft in Manufacturen und Magazinen mit boshafter Geflissentlichkeit darauf an, daß die Arbeiten so lange fortgesetzt werden müssen, bis die Zeit zum Besuche des öffentlichen Gottesdienstes vorüber ist, damit ja von da an die Arbeiter freie Zeit zu allem Bösen bekommen, nachdem man sie ihnen zur Uebung des Guten entzogen hat.

Selbst Proudhon, der doch bekanntlich bei den Sozialisten in gutem Geruche steht, spricht diesfalls ein wahres und kräftiges Wort, er sagt: O wie erbärmlich kommen mir alle jene herzlosen Schönschwätzer vor, jene Volksfreunde, jene Freunde der arbeitenden Klasse, jene Freunde der Menschheit, jene Philanthropen jeglichen Kalibers, welche ganz gemächlich im Schooße ihres süßen Nichtsthuns über die Leiden ihrer Mitmenschen Betrachtungen anstellen und den Armen bedauern, daß er nur sechs Tage in der Woche arbeiten und daher zu wenig verdienen könne, und die dann auf keinen andern Schluß kommen, als: Man solle nicht faulenzen, sondern arbeiten . . . Wollte Gott, daß dieser Tag (der Sonntag) auch noch von uns so gefeiert würde, wie er einst von unsern Vätern ist gefeiert worden!

Und jetzt noch ein Wort. Haltet ihr es für unthunlich und wohl gar für freiheitsgefährlich, die Heiligung des Sonntags durch die Mittel menschlicher Gesetzgebung und mit Polizeigewalt aufrecht zu erhalten; nun so wenden wir uns an das Gewissen jedes Einzelnen, an die Männer von Einfluß, an die Familienväter, an alle jene Männer, die es mit den hochwich-

tigen, die Verbesserung der sozialen Zustände des Volkes betref=
fenden Fragen ernst nehmen, und richten an sie die dringende
Bitte, sich in achtunggebietenden und freien Vereinen zusammen=
zuthun, auf die öffentliche Meinung und auf die öffentliche Sitte
bestimmend und veredelnd einzuwirken und mit der Vollkraft ihrer
Ueberzeugung den Geboten Gottes und der allem Volke heilsamen
Sonntagsruhe Rechtskraft und Geltung zu verschaffen.

Ja, reichen wir alle einander die Hand, und frischen wir
in den Geistern und Herzen und im öffentlichen Leben wieder
jene Hochachtung auf, die wir der ehrwürdigen und allgemeinen
Institution des Gott geheiligten Tages schuldig sind; gewiß,
damit leisten wir etwas Großes für die wahre Freiheit des
Volkes, wir wahren und vertheidigen dadurch die heiligsten Erb=
güter eines Volkes, das unveräußerliche Anrecht des Geistes und
Herzens und die Freiheit seines Glaubens gegen eine himmel=
schreiende Unterdrückung und gegen die schwindelhaften Begehr=
lichkeiten einer unersättlichen Habsucht.

Nein, lassen wir es nicht bei leeren Phrasen und prunken=
den Reden für die Wohlfahrt der arbeitenden Klassen bewenden,
sondern gehen wir alles Ernstes darauf ein, die öffentliche Mei=
nung mit christlichen Grundsätzen und mit religiösen Gefühlen
so zu durchdringen, daß der Tag des Herrn wieder heiliger,
denn je bisher, gehalten und so den unersättlichen Anforderungen
des Geldes und der Tyrannei einer schmutzigen Gewinnsucht
allwöchentlich ein heilsamer Zügel straff angelegt werde.

O ja — das göttliche Gesetz war, ist und bleibt immer
das die Würde des Menschen schützende Gesetz! Ja, o Herr!
Du hast uns frei und zur Freiheit geschaffen, und noch immer
ist's in deine Hand gegeben, unsere Freiheit zu vertheidigen,
unter deinem Schutz ist noch immer, wie unser heilige Glaube,
so auch die Ehre des Armen und des Waisen gestellt! „Dir
ist überlassen der Arme; dem Waisen bist du Helfer.“
(Psalm 10. 14.)

VI. Die Heiligung des Sonntags ist ein Gesetz der Civilisation.

Der Sonntag ist göttlichen Ursprungs und keineswegs
bloß das Ergebniß menschlichen Urtheils und menschlichen Wissens;

er gehört wesentlich in's Gebiet des Glaubens. Die Heiligung des Sonntags ist ein Grundgesetz, ein positives, ein ausdrücklich von Gott gegebenes Gebot. Schon im Urbeginne der Welt an= gekündigt und später von dem flammenden Sinai herab feierlich ausgerufen, kömmt dieser Befehl von Gott und wurde dem Menschen unter Androhung schwerer Strafgerichte eingeschärft; er ist eine der Grundbestimmungen der gesammten für die ganze Welt erlassenen sozialen und religiösen Gesetzgebung. Mag nun auch die Leuchte dieses Gesetzes von den übermüthigen Gewalt= habern dieser Welt verachtet werden, wie die Schrift sagt (Job. 12, 5): „eine Lampe, verachtet in den Gedanken der Reichen"; es ist darum nichts desto weniger ein authentischer Akt der All= macht und Oberherrlichkeit Gottes; abgesehen von allen unsern philosophischen Forschungen ist dasselbe die weltkundige Bestäti= gung des unveräußerlichen Rechtes, das dem Schöpfer und Er= löser der Welt, wie über jeden einzelnen Menschen, so auch über die Familie und das öffentliche Leben der Völker zusteht. In= dessen mag es zumal in unserer Zeit, in welcher Jeder sich be= rufen glaubt, über Religion und über religiöse Angelegenheiten sein Urtheil abzugeben, nicht überflüßig sein, auch noch die Weis= heit dieses Gesetzes, seine Uebereinstimmung mit den Arbeits= kräften des Menschen, und seinen fördernden Einfluß auf die öffentliche Wohlfahrt in Betracht zu ziehen.

Gott, der Urheber des Menschen, der Baumeister der Welt, der alle Dinge nach Zahl und Maaß geordnet hat, wollte in seiner Alles übertreffenden Weisheit hinieden unsere gläubige Lernwilligkeit belohnen, unserem kindlichen und vertrauensvollen Gehorsam es überlassen, das geheimnißvolle, aber unfehlbar wirk= same Mittel aufzufinden, durch welches das Glück des Einzelnen und die Wohlfahrt eines gesammten Volkes gesichert werden kann. Es könnte daher auch Niemanden auffallen, wenn die Wissenschaft, die Gesundheits= und Heilkunde auch nicht bei dem Resultate angelangt wäre, dem wohlthuenden Einflusse dieses religiösen Gebotes auf die Gesundheit des Menschen Zeugniß zu geben; denn es ist eine unbestrittene Thatsache, daß die Enthei= ligung des Sonntags auch für die leibliche Gesundheit verderblich ist. Die Kraft des Menschen, und selbst die der Thiere, die ihm bei der Arbeit behülflich sind, hat ihre Grenzen. Chateau= briand sagt in seinen „Schönheiten des Christenthums" (IV. Th.

I. Bd. IV. Kap.): „Man weiß nun aus Erfahrung, daß dem Ruhetage der fünfte Tag zu nahe, der zehnte Tag aber allzu ferne steht. Die Schreckensregierung, die doch in Frankreich allmächtig war, brachte es dennoch nicht dahin, daß der Bauer zehn Tage nach einander, die ganze Decade, arbeitete, weil eben die Arbeitskraft des Menschen, und auch, wie man das wohl sehen konnte, die des Thieres für eine dermaßen ununterbrochene Arbeit nicht ausreicht. Der Ochs kann nicht neun Tage nach ein= ander den Pflug ziehen; am Abende des sechsten brüllt er und ver= langt so, wie es scheint, auch seinen Antheil an den Stunden der Ruhe, die der Schöpfer für die gesammte Natur festgesetzt hat."

In einem bemerkenswerthen dem englischen Parlamente ab= gestatteten Berichte sagt Dr. Farre (Archives du Christianisme, 1833, pag. 108), ein in der gelehrten Welt mit Recht ge= feierter Name: „Der Mensch, seiner Natur nach höher stehend, als das Thier, hat allerdings auch für eine außerordentliche An= strengung noch Kraft in der Energie seines Willens, und der schäd= liche Einfluß, der eine übermäßige und langandauernde Anstrengung auf seine Leibeskonstitution ausübt, zeigt sich nicht so schnell, wie beim Thiere; dafür aber erliegt er derselben endlich doch um so plötzlicher; er kürzt sich das Leben ab, und entzieht sich für das Greisenalter jene Lebensfrische, die er sich doch mit mög= lichster Sorgfalt erhalten sollte. Die Sonntagsfeier muß also nicht nur als ein göttliches Gebot, sondern auch als ein Natur= gesetz Nachachtung finden, sie ist nicht nur eine religiöse, sondern auch eine natürliche Pflicht, wofern nämlich die Erhaltung des Lebens eine Pflicht ist, und, wer seine Gesundheit vor der Zeit ruinirt, sich des Selbstmordes schuldig macht. Ich rede da nur als Arzt, und befasse mich diesfalls durchaus nicht mit einer theologischen Frage. Faßt man jedoch hiebei auch noch den Einfluß des wahren Christenthums in's Auge, so überzeugt man sich bald, daß hierin eine neue Quelle sich öffnet zur Kräf= tigung des Geistes, und mittelst des Geistes auch zur Fristung und Stärkung der leiblichen Kraft. Die heilige Sonntagsruhe ergießt in den Menschen ein neues und erneuerndes Lebens= princip. Sie ist nothwendig für Alle."

Wenn demnach die Heiligung des Sonntags das erhaltende Princip für die Gesundheit des Volkes und für die Kräftigkeit der Geschlechter ist, so darf man auch behaupten, daß das Gebot

der Sonntagsfeier eben dadurch), daß es die Mächtigkeit der
Quellen der Produktion erhaltet und mehrt, auch ein mächtiges
und fruchtbares Mittel zur Förderung industrieller Errungen=
schaften wird. Ein Mann, dessen Namen Alle, die sozialistischen
Umgestaltungen das Wort reden, sich auf die Fahne geschrieben,
Proudhon, hat folgende Stelle niedergeschrieben, in welcher mit
lakonischer Kürze eine allerdings beachtenswerthe ökonomische Wahr=
heit ausgesprochen ist: „Die Sonntagsruhe ist die Erzeugerin
der Kraft und die Gehülfin der Arbeit." *)

Diesem Worte schließen sich noch andere unabweisbare Zeug=
nisse an; wir berufen uns auf Namen, die des Katholizismus
keineswegs verdächtig sind. Unter Andern sagt auch Macolay:
„Wäre der Sonntag nicht als ein Tag der Ruhe gefeiert wor=
den, und hätte man der Hacke und Schaufel, dem Ambos und
Webstuhl auch an diesem Tage während der letzten drei Jahr=
hunderte keine Ruhe gelassen, so hege ich nicht den mindesten
Zweifel, wir wären jetzt ein ärmeres und weniger gebildetes
Volk." Und das ist nur ganz gewiß; ein Volk wächst an und
erstarkt in dem Grade, als seine Gesundheit geschont und sein
Gewerbsfleiß entwickelt wird; dennoch lebt es nicht vom Brode
allein, sondern es lebt von seinem religiösen Glauben und von
seiner christlichen Tugend. Seine Civilisation wäre weiter nichts,
als ein mit gleißendem Firniß übertünchter Abgrund, wenn
ihm für seine materiellen Gelüsten nicht ein Gegengewicht zu
Gebote stünde.

Ein Volk das die zwei großen für jede Verfassung und staat=
liche Ordnung unerläßlichen Gesetze, wir meinen die Achtung vor
der geistlichen und weltlichen Obrigkeit und die gesellschaftbildende
brüderliche Liebe, nicht mehr respektirt und befolgt, wird bald
an tödtlichen Wunden verbluten; die Verachtung und der Haß
geben ihm den Todesstoß.

Die Religion, dieses heilige Band, das des Menschen Ge=
wissen an Gott verknüpft, die seinen Geist mit dem himmlischen
Lichte des ewigen Wortes erleuchtet und ihm die wunderbare
Kraft heiliger Liebe in's Herz gießt, sie verliert bald alle Kraft

---

¹) Diese zwei Citate habe ich einer trefflichen, erst neulich in Genf
erschienenen Broschüre entlehnt; sie hat den Titel: Le repos du Dimanche
devant la presse.

auf jene Volksmassen, deren Sinn nur noch auf Zerstörung und Genuß geht und deren Wissen und Können sich nur mehr im Verachten und Hassen kundgibt!

Wenn die Gesetze Gottes und die ihm schuldige Ehrfurcht und Liebe verkannt, wenn die heiligen Glaubenslehren, wenn die ehrwürdigen gottesdienstlichen Gebräuche dem rohen Gespötte und dem empörendsten Hohngelächter des Volkes preisgegeben werden, wer und was kann ihm dann noch Achtung einflößen? Kein Ehrenmann und keine, auch die ehrwürdigste Institution, wird mehr sicher sein vor Verachtung und Verhöhnung, sobald einmal Gott und seine Werke und Gesetze öffentlich, ungeahndet und ungestraft beschimpft und verlästert werden dürfen.

Ein wahrhaft gebildetes, civilisirtes Volk ist kein Agglo= morat von neben einander hingewürfelten Individualitäten, die einander stoßen, zerreißen, bekämpfen; nein, Einigung der Kräfte, Gemeinsamkeit der Grundsätze, aufrichtige Eintracht der Herzen Aller — die sind es, die ein Volk von Stufe zu Stufe zur wahren Aufklärung und zur wahren Wohlfahrt emporführen.

Gehen wir der Sache auf den Grund und fragen wir: Sind Politik, Industrie und Kunst für sich allein schon im Stande, die Menschen einander nahe zu bringen, sie mit ein= ander zu vereinigen? Man sagt dem Volke Gemeindeversamm= lungen an zur Wahl seiner Repräsentanten, man ladet es ein in die Schulen, zu wissenschaftlichen und litterarischen Vereinen; aber glaubt man denn' wirklich, man könne den heiligen Lehr= stuhl des Evangeliums mit einer nicht heiligen und nur welt= lichen Rednerbühne ersetzen, versöhnen und beschwichtigen die Leidenschaften mit einigen Gemeinsprüchen und Schlagwörtern, und die dem Gesetze schuldige Unterwürfigkeit und die Ehre der Familien und den sichern Bestand des Staates aufrecht erhalten mit glücklichen Handelsspeculationen, politischen Agitationen und gelehrten Turniren? Das Volk muß seine Versammlungen ha= ben, sie sind ihm ein wahres Bedürfniß; denn mit durchsichtiger Offenheit hat man es gesagt: Wer das Volk versammelt, der weckt und regt es auf!

Nun sind es dreierlei Zufluchtsorte, die einander das Recht streitig machen, das Volk unter ihr Dach zu bringen: das Wirths= haus, die geheime Gesellschaft, und die Kirche.

Verweigert ihr ihm die Freiheit des Sonntags, so gibt es

sich der Ausgelassenheit des blauen Montags hin; es eilt hin und ruinirt die Gesundheit des Leibes und schändet die Würde der Seele in schmachvollen wochentlich wiederkehrenden Orgien; aus dem Taumelbecher seiner Religionslosigkeit sauft es den Schweiß seiner Arbeit, die Thränen der Gattin und die Zukunft seiner Kinder. Der Mann, der Vater — vom Weine erhitzt, berauscht, taumelnd kehrt er heim in seine Dachkammer, seine Familie empfängt ihn mit Schrecken, sie schämt sich für seine väterliche Würde, die sich hier nur noch in der brutalen Rohheit seiner Worte und in der Herabwürdigung seines Lebens darstellt. Lasset also nur solche betrübende Schauspiele in einer Stadt von Woche zu Woche sich mehren; dann kann es nicht fehlen, die Kinder wachsen unter solch gräulichen Szenen auf, ihr Auge gewöhnt sich an sie, und sie bekommen vom Familienleben keine andere Vorstellung, als wie sie sich ihnen in den Thränen der Mutter und in der Schändung der väterlichen Würde abspiegelt; Wort und Beispiel lehren sie nach Sinnengenuß zu lechzen und über alles sich mit Verachtung hinwegzusetzen. Diese Schule der Ver= achtung findet aber noch von anderswoher Unterstützung; die elegante, gemäßigte Presse, dann das schon nicht mehr so feine, das gemeiner und pöbelhafter redende Blatt, jetzt das alles ver= höhnende Pamphlet, und dann die Broschüre voll frechen Spottes, zu diesen auch noch das Beifallsgelächter, mit dem die Verhöh= nung alles Heiligen angehört wird, und endlich die ganze Fluth von Verläumdungen und Lästerungen vereinigen sich zu einem Sturme, der auch noch die letzte Spur von Achtung wegfegt. Das Volk fällt dem zu, der es anredet; hört es nur noch die Worte des Spottes und der Verachtung, so wird es sich bald in seinem Zorne erheben und die gebrechliche Schutzwehr der sozialen Ordnung hohnlachend niederreißen. Man hat es ja von Kindheit auf durch die Entheiligung des Sonntags gelehrt, das göttliche Eigenthum zu verachten, denn dieser Tag gehört ja dem Herrn. Man hat es gelehrt, die Freude der Familie zu stören; warum sollte es denn noch Neigung haben, das Eigen= thum des Menschen, nach dem es lüstern ist, und eine Gesell= schaft zu respektiren, von der es zur Arbeit gezwungen wird. Gewiß, der Sonntag ist die große Schule der Achtung für alles, was ehrwürdig ist, er ist also die sicherste Schutzwehr für die wahre Größe und Wohlfahrt eines Volkes.

Die Brüderlichkeit und Solidarität der Menschen, dieses zweite Element des gesellschaftlichen Lebens, ist nicht die Frucht prunkvoller Deklamationen; was Geister und Herzen mit einander vereiniget, das ist die Kirche, die Ecclesia, d. h. „die Ver= sammlung" im wahrsten und erhabensten Sinne dieses Wortes. Der Sonntag ruft alle Stände zusammen, an die Seelen richtet er seine Einladung; Reich und Arm finden sich da zusammen vor Gottes Angesicht. Vom Altare des allerheiligsten Opfers geht Mahnung, Antrieb und Begeisterung aus zu hochherziger Hinopferung für das Heil der Mitmenschen, und der im aller= heiligsten Altarsgeheimnisse gegenwärtige Gottmensch knüpfet das -Band der Liebe, mit dem er in der heiligen Kommunion, in dieser Gemeinschaft Aller mit Allen, Alle mit sich und dadurch Alle mit einander vereiniget. Auf allen andern Wegen durch dieses Leben hin sind die Menschen gegen einander in irgend= welchem Kampfe begriffen und sie treten wohl selten einander unter die Augen, daß nicht die Eifersucht unter ihnen rege wird; der Sonntag hingegen löscht diese betrübenden Eifersüchteleien aus, die Stimmen Aller verbrüdern sich da mit einander und vereinigen sich in der Bitte: „Vater unser, der du bist in dem Himmel! zukomme uns dein Reich!" Wo immer wir uns um= sehen, nirgends entdecken wir ein zuverläßig wirksames Mittel, diesen Keim der Auflösung, dieses tödtliche Gift der Eifersucht und Zwietracht aus dem sozialen Leben der Menschen zu ent= fernen; der Sonntag allein ist das kräftige Bindemittel, das ihre Herzen harmonisch mit einander versöhnet und vereiniget. Das Klubwesen, die im Schatten schmeichelnde Versammlung, die geheime Gesellschaft, die Freimaurerei, diese schuldbeladene unter der Erde fortwühlende Nachäfferei der christlichen Kirche, versucht sich zwar auch in einem Cult und in einer Bruderliebe, aber dieser Cult ist nur eine lächerliche Grimasse und diese Bruderliebe nur eine falsche Münze. Ihre Geheimnisse sind entlarvt, ihre Pläne liegen nackt zu Tage und alle ihre Erfolge haben nur dazu geführt, die tiefklaffende Wunde des modernen Staates — den Pauperismus bloßzulegen. Im Schooße der Völker bekämpfen das Kapital und die Arbeit einander auf Leben und Tod; die großen Städte zumal sind von einem Kriege, der furchtbarer, als boß ein Bürgerkrieg ist, bedroht; die Heersäulen stellen sich in Schlachtordnung auf, und die sozialiſtiſchen Kongreſſe ſind, was jene am Horizont aufzuckenden Blitze, die das heranrückende Ungewitter ankünden. Mitten in ſeinem Reichthum hat Europa keine Ruhe, keinen Frieden; von der göttlichen Offenbarung und Hülfe ſich losſagend, hat es ſich auf ſeine eigenen Füße geſtellt und was wird nun das letzte Wort aller ſeiner Fortſchritte ſein? Antwort: die Brüderlichkeit und Kameradſchaftlichkeit der Artillerie! Gott im Himmel lacht über dieſe moderne Philanthropie.

Gewiß niemanden mehr, denn uns, liegt das heilige Recht des Arbeiters und die Beſſerung ſeiner ſozialen Zuſtände am Herzen; aber eben darum müſſen wir ihm die elenden Schmeichler kennzeichnen, die ihm mit verführeriſchem Gerede die Ohren betäuben. Wo das heilige Evangelium nicht mehr gehört und befolgt, wo an den Gottmenſchen und Heiland der Welt nicht mehr geglaubt wird, dort iſt auch der Sohn der Arbeit zu nichts beſſerem mehr da, als, nachdem man ſeine Arbeitskraft ausgebeutet hat, ihn noch als ein Werkzeug der Auflehnung und Empörung auszunutzen; und dort wird auch der Reiche auf nichts beſſeres ſinnen, als wie er, alle Geſetze liſtig umgehend, durch die Unterdrückung Anderer am ſchnellſten reich und immer reicher werden könne. Der Sonntag allein weiſet die Genuß- und Habſucht in ihre Schranken zurück und legt dem Ehrgeize Zaum und Zügel an. Es iſt der Welt durchaus keine andere Wahl gelaſſen, ſie muß ſich entſcheiden entweder für die Kirche, die das Volk zu der erhabenen Würde eines Miterben Chriſti erhebt, oder dann für die Freimaurerloge, die dasſelbe zum Werkzeuge der Verſchwörung und zum Handlanger eines glühenden Haſſes und einer blutigen Rache erniedriget.

Die grundverderblichen Folgen der Entheiligung des Sonntags machen ſich bald fühlbar; muß an dieſem Tage der Leib auf die ihm nöthige Ruhe verzichten, ſo wird auch der Seele das ihr unentbehrliche geiſtige Brod nicht mehr gebrochen, die Vernunft und der Glaube des Volkes ſind den trugvollſten Einflüſterungen und den Liebe und Wohlwollen heuchelnden Irrlehren ſchutzlos preisgegeben. Mit alltäglichem Kraftaufwande ſtreut die Preſſe ihre ruchloſe Saat in alle Häuſer bis in die dunkelſte Dachkammer hinauf mit vollen Händen aus, Tagblätter und Broſchüren, in welchen der ſchmutzigſte Sinnengenuß theoretiſch vertheidiget und aufgeputzt und die Verachtung alles Hei-

42

ligen sogar als eine Pflicht dargestellt erscheint. Ja, wahrlich! da bietet allein der Sonntag noch der verwirrten Vernunft und den entfesselten Leidenschaften sein heilsames Gegengewicht — der Sonntag mit seinem öffentlichen, gemeinsamen, so herrlichen Gottesdienst, mit dem hochheiligen eucharistischen Opfer, mit der Verkündigung der geoffenbarten und von Jahrhundert zu Jahrhundert überlieferten göttlichen Wahrheit; ja, das sind die noch einzig festen Dämme, an der sich die steigende Fluth der Anarchie bricht, die sonst Alles zu verschlingen droht.

Oder man sage uns doch, wer sonst kann und wird uns die allein richtige, die christliche Ansicht vom Reichthum vermitteln? Wer laßt durch die Adern des sozialen Organismus jenen evangelischen Sinn pulsiren, der ihn stark macht zur Geduld im Leiden und zum Fleiße bei der Arbeit? Wer vermag die Erhebung des Gemüthes zu Gott und ewigen Dingen und die Hoffnung und Sehnsucht des Christen nach überirdischen und unvergänglichen Gütern mit dem rechtmäßigen Besitze materieller Güter und mit der Sorge für zeitliche Wohlfahrt in Einklang zu bringen? Ist es nicht wirklich der Sonntag, der uns das Geheimniß lehrt, wie wir den Himmel gewinnen, und der uns die Kraft verleiht, daß wir die Pflichten, die wir auch für unsere zeitliche Wohlfahrt haben, erfüllen können?

Ein weltlicher Schriftsteller sagt: Wir sind es gewohnt, so recht prosaisch und bürgerlich zu urtheilen; wir wägen und messen Sachen und Zustände, Nationen und Volksklassen, wie wir etwa die Steinkohle nach Pfunden wägen, oder Kleidungsstoffe am Ellenstab messen. . . . Ein Mensch hat nur einen produktiven und kommerziellen Werth . . . Nach unserer Anschauungsweise ist das die erste Nation der Welt, die am meisten fabrizirt und am meisten verkauft; und dennoch — fügt er bei — gibt es etwas, das noch höher steht, als alle Ehren des Reichthums und der Macht — ich meine die Seele, wenn sie, von den Grundsätzen des Evangeliums durchdrungen, das Ideal der Uneigennützigkeit, der Selbsthinopferung und der thatkräftigen Heiligkeit anstrebt." (E. Montégut, Revue des Deux Mondes, Juni 1865.)

Werfen wir einen Blick über's Meer hinüber, und sehen wir, wessen ein Volk auch unter dem schwersten Drucke seines Unglücks und seiner Armuth fähig ist, wenn es sonst kaum eine andere Bildung erhält, als die ihm die Heiligung des Sonntags gewährt; welch eine Widerstandskraft setzen diese gewissenhaften und unerschütterlichen Katholiken den Lockungen zur Empörung und den Aufreizungen seitens der geheimen Gesellschaften entgegen. Die Heiligung des Sonntags war und ist das Heil für ihre socialen Zustände. — Dieses dem Unglücke geweihte und dem Hungertod preisgegebene Volk fühlt sich doch immer noch kräftig genug, laut Gott für die Gnade zu preisen, daß er es als einen Sohn der katholischen Kirche hat geboren werden lassen, und gegenüber denjenigen, von denen es beherrscht und bedrängt ist, schätzt es sich weit glücklicher und größer als sie, indem es „die Schmach Christi für größern Reichthum achtet, als alle Schätze Aegyptens." (Hebr. 11, 26.)

Ja, sie haben die ewige Vergeltung im Auge. Will man sie zu glühendem Zorn und unversöhnlichem Haß aufstacheln und macht man sie, die dürftig mit Lumpen Bedeckten, aufmerksam auf die Pracht und. den glänzenden Prunk ihrer Dränger, was haben die hochherzigen Christen Irlands darauf für eine Antwort? Sie sagen: Gott sei Lob und Dank! Gott sieht sie und uns; sie haben ihren Lohn und Himmel auf Erden, wir werden den unsern in der Ewigkeit erhalten!

Eine Scene, die sich unmöglich in Worten würdig beschreiben läßt, mag uns dessen ein Beispiel sein. Einen Greisen von 84 und dessen Weib im Alter von 74 Jahren hatte man aus ihrer verwitterten Hütte verdrängt. Das hochbetagte Ehepaar weinte und schluchzte. Ach! — jammerte das arme Weib — so soll ich denn in meinen alten Tagen obdachlos in die weite Welt hinaus, und hab' ich doch niemals Jemanden ein Leid gethan, oft sogar Arme und Unglückliche unter das Dach genommen! Was hab' ich denn verbrochen, wie hab' ich das verdient? — Da rief ihr der Greis die Worte zu: „Ach, meine Liebe! schweig' doch; das Leiden und das Sterben Jesu Christi war ja doch weit bitterer, als alles, was wir da zu leiden haben!" — In einer ähnlichen Prüfung sprach ein Irländer ein ebenso hochherziges Wort. Er weigerte sich die Hütte zu verlassen, welche die Polizeidiener ihm zerstören wollten, — denn es ist ja seine Hütte, mit seinen Händen hatte er sie aufgeführt, warum soll er nicht darin bleiben und darin sterben dürfen? Man führt ihn mit Gewalt hinaus und er muß gefesselt zusehen, wie sein baufälliges Häuschen unter den wuchtigen Schlägen der

Eisenstangen einstürzt. Da rief ihm sein Weib zu: „Muth gefaßt! Gott sei Dank! sie können uns einst doch nicht aus dem Himmel hinausjagen!" — Es ist das freilich nur das Wort eines armen Weibes; dennoch bricht durch dieses heldenmüthige Wort ein herrlicher Lichtstrahl wahrer Civilisation hervor; denn die gegenseitige Achtung, die Opferwilligkeit und die wahrhaft brü= derliche Liebe sind und bleiben der beste Reichthum eines Volkes.

Sind diese Tugenden überall nothwendig, so sind sie das doch ganz besonders in einem demokratischen Freistaate, denn Bürger kräftigen Geistes und hochherzigen Sinnes machen sein Glück! aber eben daher sehen wir nicht ein, was es unserm Vaterlande für ein Glück bringen könnte, wenn die Quellen der Religion immer spärlicher fließen müßten, da doch gerade aus diesen allein das Volk die Kraft zur großmüthigsten Selbstver= läugnung und zur hochherzigsten Liebe und Hinopferung für's Vaterland schöpfen kann. Ein Volk, das nicht mehr zur Kirche geht, in dessen Augen ist die Werkstatt bald nur noch ein Kerker; durch die Eisengitter des verwünschten Arbeitshauses hindurch kann es den Reichen und seinen Luxus nur noch mit Verachtung und sein Wohlleben und sein Geld nur noch mit dem glühenden Wunsche ansehen, davon auch seinen Theil zu erhaschen.

Doch, geliebteste Brüder! warum halten wir uns noch länger bei solchen bloß menschlichen Erwägungsgründen auf? Erheben wir unsere Gedanken und Herzen und suchen wir über all' diesen sozialen Vortheilen, die die Heiligung des Sonntags einbringt, den Segen Gottes zu erkennen, welcher denjenigen aufbehalten ist, die seine Festtage heilig halten. Ohne Zweifel ist es die gewissenhafte Heiligung des Gott geweihten Tages, die dem Volke eine allgemeine Freude schafft, und es ist wahr, was selbst ein J. J. Rousseau, dessen Worte wir hier anführen wollen, gesagt hat: Gebt und gönnet dem Volke Feiertage; denn das Volk muß nicht nur Zeit haben, sein Brod zu essen, sondern es muß auch die Zeit haben, es mit Freude zu essen; Tage, die so verloren gehen, finden um so reichlichern Ersatz durch die darauf folgenden Werktage. Ja, am Sonntage heitert sich die düsterernste Stirne des Vaters zum heitern Lächeln auf, und die Mutter hat mildere Gedanken und süßere Worte, und die Kinder sind noch um einmal fröhlicher und liebreizender; die Erzählungen der Greise werden mit lauschendem Ohre angehört, die heiligen Evangelien und das Leben der Heiligen mit frommer Rührung gelesen; in dem Pfarrgottesdienste am Vormittag und in der Vesper Nachmittags haben Alle das gleiche Wort vernommen, das nämliche Gebet verrichtet, an den Stufen des nämlichen Altares sich auf die Kniee geworfen.

Ja, der Festtag wird gefeiert in der Kirche, gefeiert im Herzen, gefeiert am häuslichen Heerde. Glücklich die Familien, die sich in den reinen Freuden des Glaubens erlustigen! „Selig das Volk, das so zu jubeln versteht; . . . der Herr ist sein Gott." (Psalm 88.)

Wie aber der gewissenhaften Heiligung des Sonntags trostreiche Verheißungen gegeben, ein reicher Segen zu Theil wird, so ziehen auch die, welche diesen Gott geheiligten Tag entweihen, einen furchtbaren Fluch über sich herab. Für öffentliche Vergehen für die Sünden eines ganzen Volkes hat der Herr auch öffentliche, allgemeine, ganze Völker schlagende Züchtigungen in Bereitschaft.

Und die Worte des Allmächtigen sind keine leeren und wirkungslosen Drohungen; die Welt altert wie ein Gewand, aber die Wahrheit bleibt ewig.

„Wenn die Söhne meines Volkes mein Gesetz verlassen und nicht wandeln in meinen Rechten; wenn sie meine Satzungen entheiligen und meine Gebote nicht halten: so werd' ich heimsuchen mit der Ruthe ihre Missethaten, und mit Schlägen ihre Sünden." (Psalm 88. 31—33.)

Euch, meine vielgeliebten Brüder! euch gebe ich das tröstliche Zeugniß, daß ihr dieses Gesetz des Herrn mit gewissenhafter Treue beobachtet; trotz den frechen Uebertretungen, die uns noch das Herz betrüben, kennen die Katholiken zu Stadt und Land noch ihren Kirchweg; sie gehen hin, um durch ihre fromme Theilnahme an den gottesdienstlichen Feierlichkeiten ihren Muth zu stärken und ihren Glauben zu beleben; die Familien sind noch christlich und wollen es bleiben; sie widerstehen der Gleichgültigkeit, der Sorglosigkeit, den Lockungen sündiger Begierlichkeit; wie einst die Stämme des israelitischen Volkes, so lassen auch sie die Arbeit ruhen und wallen empor zum heiligen Tempel, um dort das Lob des Herrn zu verkünden; sie lassen sich davon nicht abwendig machen, weder durch betrübende Beispiele, noch durch thörichte Menschenfurcht.

Die Katholiken dürfen sich da keiner Täuschung hingeben; wo es die Rettung ihres Glaubens und die Vertheidigung ihres Rechtes gilt, da können sie nur noch auf Gott und auf sich selbst zählen. Die Staatsgesetze leisten ihnen keine Hülfe, sind ihnen oft sogar nur ein Hemmniß; die im Schwange gehenden Zeitbegriffe, die öffentliche Meinung hat es darauf abgesehen, sie unpopulär zu machen. Doch diese neue Lage soll uns weder erschrecken, noch entmuthigen; im Gegentheile, Leiden und Kämpfe sollen uns nur in der Hoffnung bestärken und unser Trost sein. Noch allen großartigen Manifestationen der christkatholischen Wahrheit sind als deren Veranlassung ungeheuere Irrthümer und frech auftretende Frevel vorangegangen; fürchten wir uns darum nicht, wenn dieselben auch jetzt wieder so trotzig das Haupt erheben; wir sollen sie vielmehr als die tröstlichen Vorboten von der Morgenröthe des bald anbrechenden Tages begrüßen, an dem die Völker sich wieder mit Mund und Herz zu der Einen wahren Religion bekennen. Gewaltige, erschütternde Ereignisse, die über den Erdball dahineilen, lockern oft nur das Erdreich auf und ziehen die Furchen, in welche Gott für die Seelen den fruchtbaren Samen ihres Heiles und ihrer Auferstehung wirft.

Die Gleichgültigkeit ist ein Schlaf, der der Bruder und Vorbote des Todes ist; besser fürwahr sind erschütternde Ereignisse und mächtige Kämpfe, welche alle Geister und Herzen in Spannung und Bewegung setzen und ihnen den schmutzigen Geldwucher und die üppigen Freudengenüsse auf lange, auf immer verleiden.

So den Augen aller Welt ausgesetzt, wie in unserer Zeit, war die Kirche wohl niemals; man studirt ihre Vergangenheit, durchblättert ihre Geschichte, prüft ihre hierarchische Ordnung und ihre Wirksamkeit. Eine tiefgehende und unablässige Bewegung gibt sich auf dem gesammten Gebiete des menschlichen Denkens und Forschens kund, und diese wird, wir wollen und können es nicht bezweifeln, die Menschen zur Erkenntniß und Anerkennung der göttlichen und unvergänglichen Lebenskraft unserer heiligen Kirche führen.

Wir leben in einer ernsten Zeit, alle Völker sind in Erwartung großer Ereignisse; bei der allgemeinen Unzufriedenheit und den fortwährenden revolutionären Gährungen suchen sie nach dem geheimnißvollen Mittel, ihrer Ruhe und Sicherheit eine feste

Grundlage, und dem Wandel der Zustände und Ereignisse das wünschbare und allbefriedigende Ziel zu setzen; und dieses Mittel glauben sie gefunden zu haben — in ihrer Lostrennung von dem Lebenselemente des Uebernatürlichen, Ueberweltlichen — in ihrer Lostrennung von Christus und seiner Kirche! Die Neuerer und Weltverbesserer unserer Tage meinen, die Kirche setze den sozialen Hoffnungen und Bestrebungen einen Damm entgegen; sie geben sich dem kolossalen Wahne hin, in ihre Hand sei es gegeben, eine neue Zeit, eine neue Welt zu schaffen; einem leeren Traumgebilde jagen sie nach — die Freiheit wollen sie gewinnen durch die Verachtung und Wegwerfung aller Religion, die Ord= nung und den Frieden herstellen durch fortwährende Revolutionen, die Gerechtigkeit in Flor bringen durch die flagrantesten Rechts= verletzungen, die Solidarität des Menschengeschlechtes für alle Zeiten fest gründen durch künstlich geschaffene Nationalitäten.

Seien sie wohlmeinende Träumer und phantastische Schwindler oder dann Männer des Umsturzes mit Ueberlegung und Absicht, gleich= viel, sie haben zur Stunde noch kein anderes Ziel erreicht, als alle Begriffe zu verwirren und jene Brüderlichkeit in's Leben zu rufen, die nach Rache und Blut lechzend das Signal zu fürchterlichen Feldschlachten und sozialistischen Straßenkämpfen gibt.

Dabei läßt es sich gleichwohl nicht verkennen, ein dem Evangelium entströmender Lebenshauch geht durch alle Bewe= gungen unserer Zeit dahin; die Hand der Vorsehung macht sich mehr und mehr sichtbar in den Vorbereitungen zur Wiederher= stellung der Christenheit, jener großen Völkerfamilie unter dem milden Scepter des Evangeliums. Wir dürfen und können nicht an der Zukunft Europa's verzweifeln; das Gefühl und Bewußt= sein von der Würde des Menschen ist unter allen Volksklassen in Zunahme begriffen; die Arbeit und deren Ergebnisse werden allüberall gefeiert; die entferntesten Nationen nähern sich ein= ander, durchdringen einander und vereinigen ihre Landeserzeug= nisse, Arbeits= und Kunstschätze auf dem Weltmarkt und in den Weltausstellungen; die Kirche steht in Blüthe und vermehrt und verbreitet die Werke ihrer Liebe unter allen Himmelsstrichen. Das sind Anzeichen, daß die Zeit der Erndte nahet.

Halten wir uns bereit!

Es ist aller Christen Pflicht, den Muth nicht sinken zu lassen, ein männliches, kräftiges, starkmüthiges Christenthum an

den Tag zu legen, den Glauben zu beleben und seinen Auf=
schwung nicht hemmen zu lassen von der Lauheit, von der Ge=
mächlichkeit und Feigheit, damit er Geist und Wahrheit sei und
als solcher sich offenbare. Sie mögen bedenken, daß die christ=
liche Tugend in der Prüfung und Trübsal sich kräftiget und
bewährt; denn im Leiden erfährt der Christ am allerbesten, daß
alle seine Kraft in der Hinopferung seiner selbst besteht, und
daß, wer die Welt erobern will, der Welt entsagen und sich
selbst verläugnen muß. Als den Aeltesten, den Magistraten,
der vom Feinde hartbedrängten Stadt Bethulia bereits der Muth
entsunken war, sprach ein in unsern heiligen Schriften oft geprie=
senes Weib zu ihnen (Judith 8, 21. 23): „Männer! richtet
euere Herzen auf. Gedenket, daß Alle, die Gott ge=
fällig waren, durch viele Trübsal gegangen und treu
geblieben sind." — Geliebteste Brüder, wir schließen unsere
Ansprache mit zwei gewichtigen, friedlichen und trostreichen Worten
zugleich. Das eine wurde unter Blitz und Donner vom rau=
chenden Sinai herab verkündet (II. Mos. 19; 20); das andere
entfloß dem Herzen und den Lippen unseres Erlösers auf den
Hügeln von Judäa (Matth. 6, 33). Würden diese zwei Worte
von den Gesetzgebern und von den Völkern ernst erwogen und
von der Menschheit herzhaft und vertrauensvoll im Leben geübt,
so würden sie auch der ganzen Welt Eintracht, Frieden und
Freude bringen. Das menschliche Geschlecht würde sich nicht
mehr entehren, sich selbst aufreiben und zu Grunde richten; auf
den Trümmern der Selbstsucht müßte sich bald die Stadt Gottes
erheben, jene Stadt allgemein waltender Gerechtigkeit und Liebe,
nach der alle Völker sich sehnen. So höret denn und verstehet
und befolget die zwei Worte:

„Gedenke, daß du den Sabbat heiligest, der mir
geweihet ist."

„Suchet also zuerst das Reich Gottes und dessen
Gerechtigkeit, und das Uebrige wird euch hinzuge=
geben werden."

Gegeben in Genf, den 5. Februar 1869, an der Octave des Festes
des heiligen Franz von Sales.

Caspar,
Bischof von Hebron, Auxiliär=Bischof von Genf.